해외투자,
이 책
한권으로
끝

해외투자, 이 책 한권으로 끝

초판 발행 2023년 6월 21일
지은이 이정석
발행인 강재영
발행처 애플씨드
출판사 등록일 2021년 8월 31일(제2022-000065호)
주소 경기도 고양시 일산동구 일산로 241
대표전화 031) 901-2679
이메일 appleseedbook@naver.com

기획 이승욱
편집 맹한승
디자인(표지) 유어텍스트
CTP출력/인쇄/제본 (주) 성신미디어

ISBN 979-11-978626-7-0 (13320)

해외투자 이 책 한 권으로 끝

챗GPT 수혜주부터,
테슬라, 인디아 펀드,
고배당 ETF까지

이정석의 해외 투자의 정석

애플씨드

이정석 지음

■ 머리말

실용적인 해외금융투자 정보를 전하는 해외투자의 정석

약 900조 원이나 되는 큰 돈을 굴리는 국민연금이 안정적 투자 대상인 국내 채권 다음으로 많이 투자하는 대상이 뭘까요? 바로 해외 주식입니다. 국민연금의 해외주식 투자 비중은 28.2%로 국내 주식 투자 비중 14.5%보다 무려 13.7%나 높습니다(2023년 2월 말 기준). 우리들의 노후자금 중 약 250조 원이나 되는 어마어마한 돈이 해외 주식에 투자되고 있는 것입니다. 그렇다면 전 세계 연기금 규모 4위나 되는 덩치 큰 국민연금은 왜 국내 주식보다 해외 주식의 투자 비중을 더 높였을까요? 여러 가지 이유가 있겠지만 무엇보다 중요한 건 과거 수 년간 수익률이 국내 주식보다는 해외 주식이 더 높았고, 앞으로도 수익률에 대한 기대감이 국내 주식보다는 해외 주식이 더 높을 것이라고 예상되기 때문입니다.

이처럼 국민연금이 해외 주식에 많은 관심과 투자를 기울이는 데는 무엇보다 세계 최강대국, 세계 제1의 경제대국인 미국의 투자여건이 월등히 뛰어나기 때문일 것입니다. 미국에는 혁신기업들도 많고, 업종별 글로벌 1위 기업들도 즐비한 데다 이 기업들이 꾸준히 안정적인 수익을 낼 것으로 기대되기 때문입니다. 또한 서유럽에도 LVMH(Moët Hennessy Louis Vuitton, 프랑스), 지멘스·폭스바겐(독일), ASML(네덜란드) 등 투자할만한 업종별 리딩기업들이 많습니다. 실제 1988년부터 2022년까지 국민연금의 해외 주식 투자 연평균 수익률은 8.50%인 반면 같은 기간 국내 주식 투자 연평균 수익률은 5.22%에 불과했습니다.

코로나19 팬데믹 이후 해외 주식, 특히 미국 주식에 투자하는 '서학개미'들이 급증했는데 해외 주식 결제금액은 2019년부터 2021년까지 3년간 전년 대비 매년 50% 넘게 꾸준히 증가했습니다. 비록 대세하락장이었던 2022년에 23.5%로 줄긴 했으나 여전히 매일 밤 서학개미들은 스마트폰을 들고 매수·매도 버튼을 누르느라 여념이 없습니다.

우리들이 종자돈 마련을 위해 또는 목돈 증식이나 노후자금 마련을 위해 투자하는 공모펀드(MMF·ETF 제외. 이하 동일)의 경우 운용규모 '빅 3'가 모두 해외펀드입니다. 2020년 이전에도 인기를 끌었던

ETF(상장지수펀드)도 코로나19 팬데믹 이후 투자 수요가 훨씬 더 늘었는데 개인투자자들은 미국 S&P500 지수를 추종하는 SPY ETF나 미국 나스닥 지수를 추종하는 QQQ ETF 등 해외 ETF에 주로 눈길을 돌리고 있습니다.

이렇듯 우리들의 노후자금을 책임지는 국민연금도, 안정적이고 수익 높은 투자를 원하는 개인들도 자산 증식을 위해 해외투자를 계속 늘리고 있는 현실입니다. 더욱이 개인들도 그들의 노후자금이 담겨 있는 연금저축펀드, IRP(개인형퇴직연금), 퇴직연금(DC형)에 해외투자상품을 계속 담고 있습니다.

10~20년 전만 해도 해외 주식·ETF에의 접근성이 좋지 않았지만 HTS(홈 트레이딩 시스템)의 보급으로 접근이 쉬워졌고, 수 년 전부터는 개인들이 주로 스마트폰 앱인 MTS(모바일 트레이딩 시스템)을 통해 때와 장소를 가리지 않고 해외투자상품을 그들의 투자 바구니에 담고 있습니다.

한때 'CF의 여왕'으로 불렸던 연예인 이영애 씨가 그녀가 찍었던 CF의 브랜드로 하루를 보낸다는 '이영애의 하루'라는 제목의 스토리가 인터넷에 인기를 끌기도 했는데요. 이를 해외 주식에 비유한 스토리로 응용해보았습니다.

주말 아침 애플(미국) 아이폰 알람소리를 듣고 일어나서 세안 후 로레알(프랑스) 화장품을 바른다. 아디다스(독일) 운동화를 신고 스타벅스(미국)에 가서 브런치를 먹는다. 노트북을 켜자 MS(미국) 윈도우가 구동되고, 필요한 정보를 구글(미국)을 통해 검색하면서 일을 한다. 잠깐 짬이 나서 넷플릭스(미국)로 드라마 한 편 보면서 페이스북(미국)에 달린 글에 댓글을 단다. 점심에 친구와 약속이 있어 테슬라(미국) 전기차를 타고 시내로 나간다.

물론 가상이지만 어느덧 우리 일상에는 수많은 외국 브랜드가 깊숙이 파고들었고, 대부분 우리가 주식이나 펀드, ETF를 통해 투자 가능한 상황입니다.

전 세계 주식시장에서 우리나라 주식시장의 비중은 2%도 안 됩니다. 이 말은 곧 우리나라 투자자들이 세계 시장에 투자했다면 얻었을 98%의 기회를 놓친다는 것을 의미하고, 이는 결국 우리 투자자들의 투자가 '우물 안 개구리' 식의 투자에 불과할 수도 있다는 것입니다. 지금이라도 해외로 자금을 분산해서 투자할 필요가 있음을 시사하는 중요한 대목이 아닐 수 없습니다.

서점에 가면 해외 주식, 특히 미국 주식 관련 책들은 많으나 해외투자를 종합적으로 아우르는 책은 보이지 않습니다. 해외에 투자하는 방법은 꽤나 다양한데도 말이죠. 그래서 해외투자를 종합적으로 다루는 해외투자의 정석에 가까운 책을 내보았습니다. 특히 해외투자 관련 꿀팁 모음, 해외투자 시 절세 방법, 세대별 해외투자 포트폴리오 등 다른 서적에서는 보기 힘든 내용들을 넣어 차별화했고, 이런 차별화된 내용들은 책 후반부에 주로 배치돼 있어 책을 읽을수록 흥미가 가중될 것으로 사려됩니다.

이 책은 다양한 관점에서 해외투자를 고민하시는 여러분들에게 실질적인 도움을 드릴 수 있는 실용적인 해외투자 정보로 이루어져 있습니다. 적극적으로 자산 증식을 하고 싶으신 분, 비교적 안정적인 수익을 꾸준히 내고 싶으신 분, 정기 배당을 꾸준히 받고 싶으신 분, 장기 목돈 마련을 하고 싶으신 분, 자녀에게 좋은 상품을 물려주고 싶으신 분들에게 이 책을 권해 드립니다. 이 책이 여러분들의 자산 증식에 조금이나마 보탬이 됐으면 하는 바람입니다. 필자가 추천하는 보다 다양한 해외투자상품 및 종목 정보를 알고 싶으시면 필자의 블로그 '재테크맛집'(블로그 주소는 '자료 출저 모음'편 참조)에서 확인해 보시기 바랍니다. 다만 추천 상품들 중에는 필자의 주관이 가미된 부분도 있으니 반드시 충분히 알아보시고 본인의 판단과 책임 하에 투자 여부를 결정하시기 바랍니다.

끝으로 자료 수집과 집필 방향에 많은 도움을 주신 삼성증권 도곡지점의 김용범 부장님, 세무적인 도움을 주신 DBS 컨설팅의 김대기 대표님에게 감사의 마음을 전합니다.

■ 차례

3장. 세계는 넓고 투자할 곳은 많다!

4장. 해외투자상품 투자 방법 ABC

5장. 좋은 해외 금융상품 판별 방법

6장. 해외투자 시 유의사항

7장. 해외투자 관련 꿀팁 10선

8장. 해외투자의 세금과 절세 꿀팁

9장. 세대별 해외투자 전략 및 포트폴리오

10장. 해외투자에 도움되는 방송, 사이트

CHAPTER

01

해외금융투자의 특징 및 장점

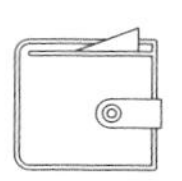

국내투자자 사이에 해외투자 열풍이 일어난 이유는 무엇일까? 개인투자자와 국내에서 가장 큰 돈을 운용하는 단체인 국민연금이 해외 주식 투자 비중을 계속 늘리는 원인은 어디에 있을까? 바로 해외투자 시의 수익률이 국내투자 시보다 더 높았고, 앞으로도 더 높을 것으로 기대되기 때문이다. 그리고 국내 주식시장의 경우 시장이나 기업이 지니고 있는 여러 문제점들이 투자자들을 외면하게 만든다. 큰 환율 변동성과 낮은 배당률, 후진국형 지배구조, 잦은 유상증자와 쪼개기 상장, 잊을 만하면 한번씩 터져 나오는 주가조작 사건, 그리고 관치 논란 등으로 국내 증시는 힘을 못 내고 있다.

물론 해외 기업과 해외 주식시장이라고 해서 이런 문제점들이 없는 것은 아니다. 몇몇 분야는 국내 기업과 증시가 더 좋기도 하다. 그렇기에 해외의 모든 나라의 증시와 관련 상품에 투자하라는 것은 아니다. 또한 국내투자 비중을 대폭 줄여 대부분의 투자자금을 해외로 돌리라는 것도 아니다. 주주친화적이고, 지배구조가 잘 갖춰져 있고, 혁신적인 기업이나 이런 기업들을 많이 보유한 나라의 증시의 비중을 높이라는 것이다.

그렇다면 해외투자의 특징 및 장점은 무엇일까? 또한 국내 증시와 기업 환경이 갖고 있는 아쉬운 점은 어떤 것들일까?

이 장에서는 해외투자가 꼭 필요한 국내 주식 투자의 문제점과 해외투자 시 예상되는 다양한 투자 이점과 글로벌 주식시장의 높은 수익률, 안정적인 자금 증식에 관해 미국 및 유럽, 아시아 증권시장의 투자상황에 대한 구체적인 그래프와 시황 자료 등으로 분석해 보았다.

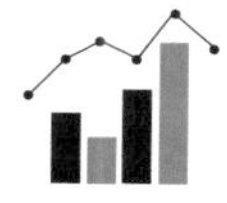

01 국내 주식 투자, 무엇이 문제인가?

국내 주식 투자를 하다 보면 '코리아 디스카운트'라는 단어를 자주 접한다. 우리나라의 경제 펀더멘털 대비 국내 증시가 저평가돼 있다거나 우리나라 기업의 주가가 외국의 비슷한 기업의 주가보다 저평가돼 있다는 의미다. 우리나라 기업들이 제대로 된 평가를 받았으면 하는 바람 가득하나 여러 가지 이유들로 인해 국내 기업들은 늘 '저평가'의 그늘에서 벗어나지 못하고 있다. 왜 그럴까? 국내 증시가 저평가되는 요인으로 전문가들은 환율 변동성이 큰 점, 신흥시장에 머물러 있는 국내 주식시장, 국내 기업들의 낮은 배당수익률, 국내 상장기업들의 취약한 지배구조, 국내 주식의 저조한 성장률 등 5가지 원인을 들어 설명하고 있다.

첫째, 국내 증시가 저평가돼 있으면서 잘 오르지 않는 가장 큰 이유 중 하나는 환율 변동성이 심하다는 것이다. 그 대표적인 예가 2022년. 물가 상승과 급격한 금리 인상으로 허덕이던 2022년 10월 14일의 원-달러 환율은 1,442.5원으로 연 초 대비 21%나 폭등했었다. 우리나라보다 경제 규모가 작은 아시아의 신흥국들의 통화 가치보다 원화 가치가 더 하락했다. 국내 증시에서 약 30%를 차지하면서 절대적인 영향력을 지닌 외국인들은 환율이 상승(원화 가치 하락)할 것 같으면 국내 주식을 주로 매도한다. 환율이 상승해 원화 가치가 하락할 경우 환차손(해당 통화 가치 하락으로 인한 손해)이 발생해 수익률에 좋지 않은 영향을 미칠 수 있기 때문이다. 실제 2022년 9월까지 외국인들은 국내 주식을 꾸준히 팔았고, 이는 코스피의 지속적인 하락으로 이어졌다. 또한 IMF 외환 위기 때도 원-달러 환율이 1,800원 넘게 치솟았었고, 2008년 글로벌 금융 위기 때도 환율이 순식간에 1,500원 넘게 솟구치면서 시장에 충격을 줬었다.

국내 증시 저평가의 두 번째 이유는 국내 주식시장이 아직 신흥시장에 머물러 있다는 데 있다. 우리나라의 경제 규모는 2021년 기준 전 세계 10위로 선진국급이지만 글로벌 자본시장에서는 아직까지 신흥국에 머물러 있다고 해도 과언은 아니다. 이는 글로벌 자본시장의 바로미터인 MSCI(모건스탠리의 자회사) 지수에서 신흥시장으로 분류돼 있기 때문이다. MSCI 지수를 참조하는 펀드자금 규모는 1경 7,000조 원에 이르며, 글로벌 펀드 대부분이 MSCI 지수를 벤치마크로 삼을 정도다. 그리고 MSCI 내 선진시장 지수를 따르는 투자자금은 신흥시장 지수를 따르는 자금보다 3배 이상 많다. 2022년 골드만삭스의 보고서에 의하면 한국이 MSCI 선진국 지수에 편입된다면 국내 시장에 440억 달러(5월 20일 기준, 원화 환전 약 58조 원)가 유입돼 코스피가 30~35% 상승할 수도 있다고 전망하기도 했다. 이렇게 전 세계에서 가장 큰 벤치마크 지수에서 신흥시장에 머물러 있다면 외국인의 수급에 영향을 미칠 수 있고, 이는 국내 증시의 큰 디스카운트 요인이다.

코리아 디스카운트의 세 번째 요인으로 국내 기업들의 낮은 배당수익률(1주당 배당금의 비율)과 배당성향(당기순이익 중 현금으로 지급된 배당금 총액의 비율)을 꼽는 이들이 많다. 2022년 발표된 대신증권의 자료에 따르면 MSCI 지수에 속한 25개 주요국 지수의 배당수익률 집계에서 2021년 코스피 배당수익률은 1.52%에 그쳐 23위를 차지했다고 한다. 낮은 배당성향도 문제다. 2011년 이후 국내 상장기업들의 배당성향은 다음과 같다. 언뜻 보면 높은 수치처럼 보이지만 G7 국가의 60% 수준에 불과하고, 비교 대상을 G20으로 늘려도 국내 상장기업의 배당성향은 하위권이라고 한다.

2011년	2012년	2013년	2014년	2015년	2016년	2017년	2018년	2019년
22.8%	22.7%	24.6%	25.4%	25.8%	25.2%	26.5%	29.4%	41.2%

국내 주식시장의 취약한 구조를 파악하기 위해서는 먼저 '주주환원율'이라는 것을 알아둘 필요가있다. 주주환원율이란 기업의 순이익 중에서 배당액과 자사주 매입의 합산 비율을 나타낸 수치다. 만약 A기업의 순이익이 100인데 이 중에서 30을 배당으로 지급하고,

30을 자사주 매입한다고 하면 주주환원율은 60%가 된다. 하나증권에 따르면 2012년부터 2019년까지 미국 상장기업들의 주주환원율은 98%에 이르는 반면 코스피기업들은 이의 절반에도 못 미친다고 한다.

● 주주환원율 = (배당액 + 자사주 매입) / 순이익

국내 증시 저평가의 네 번째 요인으로 많은 전문가들이 국내 상장기업들의 취약한 지배구조를 지적한다. 국내 증시에 상장한 대기업 중 상당수는 재벌총수 일가가 소수의 지분으로 대기업 전체를 지배하는 비정상적인 지배구조와 거수기로 전락한 이사회 등 고질적인 지배구조 취약성을 안고 있다. 아직도 오너 경영, 가족 경영을 하는 기업들이 많은데 이는 주로 전문경영인으로 기업들을 이끄는 미국과 대조되는 부분이다. 2022년 이후 '전(錢) 전쟁'으로 변질됐던 SM 사태도 비정상적인 지배구조를 개선하는 데서 시작된 셈이다.

마지막으로 코리아 디스카운트의 주요 요인으로 전문가들은 국내 주식의 주가가 잘 안 오른다는 점을 들고 있다. 이런 점이 투자자들을 외면하게 만들고, 결국 국내 증시의 상승이 더디어지게 되는 가장 결정적인 원인이 된다. 2011년부터 코로나19 팬데믹 이전 해인 2019년까지 9년간 코스피는 고작 6.5% 상승했다. 연평균 상승률은 0.72%. 같은 기간 미국의 대표 주가지수인 S&P500 지수는 157% 올

라 연평균 17.4%씩 상승했고, LVMH·BMW·알리안츠 등 유럽의 대표 기업 50개로 이뤄진 유로스톡스50 지수는 35% 올라 연평균 3.9%씩 상승했다.

2023년 4월 4일자 〈동아일보〉 기사에 따르면, 글로벌 운용사인 JP모건자산운용이 올해 발간한 보고서를 보면 2013년부터 2022년까지 10년 동안 MSCI(모건스탠리캐피털인터내셔널) 한국 지수의 연평균 수익률은 1.9%에 불과하다고 한다. 2011년부터 9년간의 코스피 평균보다는 높으나 2020년의 대세상승장이 포함된 것을 고려하면 별 볼일없는 수익률이다. 이를 다른 나라들의 증시와 비교해보면 더욱 초라해진다. 같은 기간 미국 증시(S&P500 지수 기준)는 12.6% 올라 최고 수익률을 기록했고, IT 강국 대만도 연평균 10% 넘는 수익을 냈다. 오랜 경기 침체로 '잃어버린 30년'의 길을 걷고 있는 일본 증시도 같은 기간 연평균 5.9%의 수익을 냈고, 미국의 견제를 계속 받고 있는 중국 증시도 연평균 5.5%의 수익을 낸 것에 비하면 우리 증시는 대내외적인 어려움에 처해 있던 일본·중국에게도 뒤처지는 상황이다. 리스크는 매우 큰 반면 수익률이 정기예금 이하 수준이라면 사실상 투자 비중을 줄이는 것이 좋다.

국내 주식 투자로 수익이 잘 나지 않자 국내 증시에 지친 투자자들은 자금을 조금씩 해외로 옮기기 시작했다. 그나마 코로나19 팬데믹 이후 국내 증시는 폭발하면서 2021년 7월 3,316포인트까지 찍으면서 팬데믹 선언 14개월만에 130%나 상승했다. 그러나 2021년 여름부터 다시 꺾이기 시작하면서 2023년 5월 20일 기준 2021년 고점 대비 23.5%나 꺾인 상태다.

이외에도 카카오그룹과 LG화학 등에 의한 쪼개기 상장(물적분할), 잊을 만하면 한 번씩 터져 나오는 주가조작 사건, 극히 적은 매도리포트(애널리스트가 특정 기업의 주식을 매도할 것을 주장하는 리포트) 등 국내 증시를 저평가 받게 만들고 투자자들의 외면을 받게 하는 요인들이 너무나 많다.

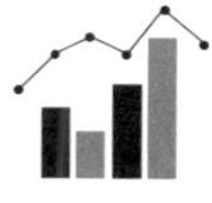

02 왜 우리들은 해외투자에 열광하나?

높은 수익률을 자랑하는 해외투자

S&P500 지수는 미국 주식시장에서 대표 지수다. 우리가 알고 있는 애플, 나이키, 코카콜라와 같은 글로벌기업들이 이 지수에 포함돼 있다. 미국뿐만 아니라 전 세계를 대표하는 주가지수다. 그리고 이 지수의 과거 수익률은 감탄이 나올 정도다. 1980년부터 2022년 말까지 S&P500 지수의 누적수익률은 3,853%나 된다. 1980년에 1천만 원을 이 지수에 투자했다면 이 돈은 3억 8,530만 원으로 불어났을 것이다. 1980년부터 2022년 말까지 2,236%의 수익을 낸 코스피보다 약 1,600% 수익을 더 냈다.

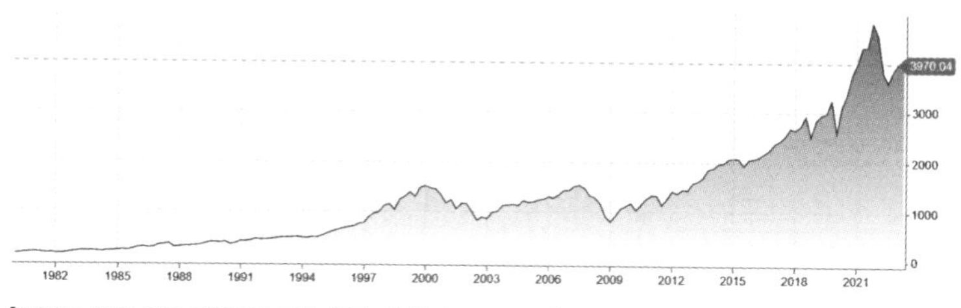

[1980년 이후 미국 S&P500 지수 추이. 출처: CNBC.COM]

애플·MS·구글 등 첨단 IT기업들이 즐비한 나스닥 지수는 한술 더 떠 1980년 이후 누적 8,812%의 수익을 냈다. 이 정도면 서울 강남의 아파트 수익률을 훌쩍 뛰어넘는 수익률이다. 미국 주식과 미국 기업 관련 펀드·ETF에 투자하는 사람들이 계속 이들 상품에만 투자를 집중하는 이유다.

미국은 세계 최강국이고, 미국에 글로벌 리딩기업들이 많다 보니 주가가 많이 올랐다 치자. 하지만 신흥국으로 분류된 국가 중에서도 우리 증시보다 더 높은 퍼포먼스를 냈던 국가들이 적지 않다. 그 대표적인 국가 중 하나가 인도다. 인도의 30개 대표적인 기업으로 구성된 Sensex BSE30 지수는 1993년 이후 2023년 5월 20일까지 30년간 자그마치 2,840%나 상승했다. 반면 같은 기간 국내 200개 대표기업으로 구성된 코스피200 지수는 약 350% 정도 상승했다. 이 지수간 상승률 차이는 꽤나 크다.

우리보다 경제규모가 뒤지는 베트남의 증시도 과거에 좋은 성과를 냈다. 2000년 7월 호치민 증권거래소 설립 이후 베트남 VN 지수는 2023년 5월 20일까지 약 967% 성장했으나 같은 기간 코스피는 약 263%에 그쳤다.

해외투자의 훌륭한 수익률은 간접투자상품에서도 고스란히 이어지고 있다. 미국 성장주에 투자하는 AB미국그로스 펀드는 2010년 설정 후 13년간 누적 300%가 넘는 수익을 냈고, 국내에서 운용 규모가 가장 큰 피델리티글로벌테크놀로지 펀드도 2015년 설정 후 200%가 넘는 누적수익률을 기록했다. 전 세계 대형 헬스케어 기업들에 투자하는 한화글로벌헬스케어 펀드도 2006년 설정 후 누적 약 250%의 수익을 냈다. 모두 연평균으로 환산하면 10%가 훌쩍 넘는 수익률이다. 전 세계에서 운용 규모가 가장 큰 ETF인 SPY(SPDR S&P 500 ETF Trust)도 1993년 상장 후 누적 800%가 넘는 수익을 냈고, 국내투자자들이 선호하는 ETF인 QQQ(Invesco QQQ Trust)도 1999년 상장 후 500%에 가까운 수익을 기록 중이다. QQQ ETF는 나스닥100 지수를 추종하는 상품인데 상장 후 닷컴 버블로 인해 주가가 한때 1/5 토막까지 났으나 2002년 하반기에 바닥을 찍으면서 20여 년간 주가가 1,400% 가까이 상승했다.

투자자들이 더 높은 수익을 추구하는 것은 당연지사. 이런 이유로 국민연금과 개인투자자들이 자금을 조금씩 해외로 옮기고 있는 것이다.

안정성도 겸비한 해외투자

증시가 많이 하락했던 2022년 한해 S&P500 지수는 20% 하락했고, 코스피는 약 25% 떨어졌다. 하지만 이 기간 동안 원-달러 환율은 6% 올라갔다(원화 대비 달러 가치 6% 상승). 9월 한때 환율은 연초 대비 20%나 폭등하기도 했다. 이 기간 동안 S&P500 지수를 추종하는 ETF인 SPY에 투자했다면 달러 상승으로 하락 폭이 어느 정도 만회가 된 반면 같은 기간 국내 증시에 투자했다면 하락 폭을 고스란히 떠안아야 했다. 이것이 대표적인 안전자산인 달러에 투자할 때의 매력이다. 글로벌 증시가 좋을 때는 주로 달러 가치가 떨어지지만 이때 미국 기업들은 좋은 실적을 내면서 달러 가치 하락보다 훨씬 더 좋은 수익을 낸다. 반면 2022년처럼 글로벌 증시가 대부분 하락할 때는 적잖이 오른 달러 가치가 손실분을 어느 정도 메워준다. 글로벌 위기가 오면 대표적인 안전자산인 달러의 가치는 주로 상승하기 때문이다. 달러가 일종의 보험과 같은 안전판 역할을 하는 것이다.

미국 블루칩 주식(오랜 기간 안정적인 이익과 주가 상승을 보여온 대형 우량주) 30개로 이뤄진 다우존스 지수는 1975년부터 2022년까지 연평균 약 9%의 수익을 내왔다. 수익성에 초점을 맞추는 투자자들은 나스닥 지수를 선호하지만 안정적인 투자를 선호하는 사람들은 상대적으로 변동성이 적은 종목들의 비중이 높은 다우존스 지수를 더 찾는다. 실제 대세하락장이었던 2022년 다우존스 지수는 약 9% 하락했다. 달러 가치가 6% 상승했으니 손실 폭은 적은 셈이다.

2022년에 미국 국채가 −10%까지 하락해 난리가 났었다. 200년 이상 적은 변동성으로 안정적인 수익을 냈던 미국 국채가 234년만에 최악의 수익률을 낸 것이다. 하지만 2022년 원화 대비 달러 가치가 6% 올랐다. 우리나라를 비롯해 여러 나라들의 국채가 적지 않은 손해를 봤으나 미국 국채 투자자들은 달러 가치 상승이 손실 폭을 줄여주자 안도의 한숨을 쉬게 됐다.

미국과 유럽 증시에는 존슨앤존슨, 코카콜라, P&G(이상 미국), LVMH(프랑스) 등 꾸준히 안정적인 주가 흐름을 보여온 글로벌 업종별 1~2위 기업들이 너무나도 많다. 물론 2008년 글로벌 금융 위기, 2022년 금리 폭등 시에도 하락하긴 했으나 국내 상장기업들보다는 낙폭이 적은 편이다.

'투자의 대가'로 불리는 워런 버핏이 이끄는 버크셔 해서웨이도 주가 흐름이 정말 견조하다.('주가의 시세가 내리지 않고 높은 상태에 계속 머물러 있다'라는 의미) 버핏의 투자 철학이 수십 년간 녹아든 결과다. 버크셔 해서웨이 주식은 A주와 B주로 나뉘는데 이 중 A주는 2023년 5월 20일 기준 1주당 50만 달러나 된다. 우리나라 대도시 아파트 한 채 값이다.

펀드와 ETF와 같은 간접투자상품에서도 안정적인 흐름을 선보인 상품들이 적지 않다. 한화글로벌헬스케어 펀드와 XLV(Health Care Select Sector SPDR Fund) ETF의 경우 글로벌 제약사들에 투자하는 상품들인데 주가의 부침이 상대적으로 적은 편이다. SCHD(Schwab U.S. Dividend Equity), SPHD(Invesco S&P 500 High Dividend Low Volatility) ETF와 같은 미국 배당주ETF들은 배당주의 특징대로 하락장에서는 상대적으로 적은 하락 폭을 보이면서 꾸준히 상승해왔다. 실제 2022년에도 SCHD ETF와 SPHD ETF는 각각 −6.4%, −3.1% 정도만 하락하면서 비교적 방어를 잘한 편이다. 2022년 달러 상승분인 6%를 감안하면 손실은 없던 셈이다.

그리고 해외투자에서의 백미는 미 달러 투자다. 대표적인 안전자산 중 하나인 달러에 투자하면 2022년과 같은 글로벌 위기 상황에서 괜찮은 수익을 낼 수 있고, 크지 않은 변동성으로 투자자에게는 안정감을 가져다 줄 수 있다. 또한 2022년과 같은 하락장에서는 달러 가치가 하락분을 어느 정도 메워주면서 자산 가치의 큰 하락을 막을 수 있어서 좋다. 달러 투자 방법은 '7장. 해외투자 관련 꿀팁 10선의 10절 해외투자의 백미, 달러 투자 방법'을 참고해보자.

글로벌한 자산 배분은 안정적인 자산 증식의 초석

주식투자자라면 누구나 한번쯤은 들었을 만한 투자 격언으로 '계란을 한 바구니에 담지 말라'는 금언이 있다. 증권 관련 강연이나 투자 교실에서도 강연자들이 시간 날 때마다 강조하는 말이 바로 '분산투자'이다. 이처럼 투자의 기본은 분산투자다. 그리고 이런 분산을 국내상품뿐만이 아닌 해외상품으로 확대한다면 분산투자 효과는 더 커질 것이다. 또한 국내외 주식만이 아닌 채권, 리츠 등에 골고루 투자한다면 비교적 안정적인 자산 증식을 이뤄낼 수 있을 것이다.

2001년부터 2020년까지 국내외 위험자산과 안전자산(코스피, 선진국 주식, 신흥국 주식, 미국 국채, 선진국 국채, 회사채/정부기관채, MBS, 신흥국 채권, 원자재, 리츠)에 투자했을 때의 결과를 보여주는 표가 있다. 코스피는 원화 기준, 기타 자산은 미국 달러 기준이다. 위험자산에 투자하면 수익성은 높지만 2008년과 2022년과 같은 하락장에서는 많은 돈을 잃게 된다. 반면 안전자산에만 몰입할 경우 자산 증식은 더디게 마련이다. 2001년부터 2020년까지 20년간 국내외 다양한 투자자산에 투자했을 때 20년간 연평균 수익률은 6.7%에 이른다. 연평균 수익율 6.7%라면 우리나라 정기예금보다도 훨씬 높은 수치이며, 국민연금의 최근 10년간 연평균 수익률인 4.7%보다도 높은 수치다. 비교적 안정적인 자산 증식을 위해서라면 국내투자자산뿐만 아니라 해외의 투자자산에 골고루 투자할 필요가 있다.

구분	2001	2002	2003	2004	2005	2006	2007	2009	2009	2010
코스피	41	-7	32	14	57	6	35	-40	52	24
선진국 주식	-17	-20	33	15	10	20	9	-41	30	12
신흥국 주식	-3	-6	56	26	34	32	40	-53	79	19
미국 국채	7	12	2	4	3	3	9	14	-4	6
신흥국 채권	8	14	26	12	11	10	6	-12	29	12
원자재	-20	26	24	9	21	2	16	-36	19	17
분산투자	**-5**	**-1**	**21**	**10**	**8.8**	**12**	**11**	**-21**	**23**	**11**

구분	2011	2012	2013	2014	2015	2016	2017	2018	2019	2020
코스피	-10	11	2	-4	4	5	24	-15	10	34
선진국 주식	-6	16	27	5	-1	8	22	-9	28	16
신흥국 주식	-18	18	-3	-2	-15	11	37	-15	18	18
미국 국채	10	2	-3	5	1	1	2	1	7	8
신흥국 채권	8	19	-6	8	1	10	11	-5	16	6
원자재	-13	-1	-10	-17	-25	12	2	-11	8	-3
분산투자	**-1**	**11**	**9**	**4**	**-3**	**6**	**15**	**-6**	**18**	**11**

(출처: 삼성자산운용, 블룸버그)

20년간 전 세계 자산에 고루 투자를 했더니 상승장에서는 주식만 못한 수익을 냈지만 하락장에서는 하락 폭을 많이 줄일 수 있었다. 2017년과 2018년의 예를 들어보자. 2017년에는 신흥국 주식과 코스피가 각각 37%, 24%의 수익을 낸 반면 미국 국채는 1%의 수익만을 냈다. 하지만 2018년에 신흥국 주식과 코스피가 모두 10% 넘게 하락한 반면 선진국 국채는 1%로 하락장에서 선방한 편이다. 국내상품에만 고집하지 않은 글로벌 자산 배분은 한마디로 비교적 편하게 자산 증식을 할 수 있는 방법이다.

'분산투자'라고 하면 보통 국내 주식에 투자할 때 여러 종목에 투자하는 것을 떠올리는 투자자들이 많다. 하지만 진정한 의미의 분산투자는 이것만을 의미하는 것이 아니다. 그보다 다양한 투자 상황별 분산요인을 염두에 두라는 의미이다. 다시 말해 위험도별 분산, 지역별·국가별 분산, 통화의 분산, 직접·간접상품별 분산을 하라는 것이다. 이처럼 다양한 투자 상황별 요인을 따져가며 저위험·중위험·고위험 등에 고루 분산하는 게 좋고, 각 위험별 상품에 투자한다 해도 지역별·국가별 분산이 필요하다. 글로벌 위기가 오면 우리나라와 같은 신흥국 주식의 하락 폭이 더 크게 마련인데 선진국의 주식에 분산투자 했다면 하락 폭을 줄일 수 있기 때문이다. 그래서 해외투자를 적극적으로 해야 한다. 또한 해외 주식에만 직접투자할 경우 변동성 큰 장에서는 롤러코스터와 같은 체험을 할 수 있으니 간접투자상품인 해외펀드·해외 ETF로도 분산해서 변동성을 낮추는 게 좋다.

이처럼 해외투자에서의 다양한 분산투자와 함께 효과적인 자산 배분을 위해서는 금(金), 원유와 같은 원자재에 투자를 하는 것도 효과적인 해외투자의 한 방법이 될 수 있다. 2022년과 같은 하락장이나 글로벌 위기 시, 달러 가치 하락 시 금은 빛을 발했고, 2022년에 원유를 비롯한 원자재들은 여름까지 랠리를 이어갔다. 위험을 헤지(hedge. 금전 손실을 막기 위한 대비책)하기 위한 적극적인 자산 배분 전략을 위해 투자하는 원자재도 결국 해외투자를 통해 가능한 것이다.

글로벌 트렌드를 잘 알면 국내투자도 활성화

우리나라 GDP의 70%가 수출일 만큼 국내 경제는 대외적인 의존도가 높다. 글로벌 경제 상황, 지정학적 이벤트에 영향을 많이 받을 수밖에 없고, 경제 관련 새로운 트렌드가 형성되면 고스란히 우리나라 경제나 주식시장에도 영향을 미치는 경우가 많다. 가장 최근의 예로 챗GPT를 들 수 있다.

2023년 상반기 전 세계 IT업계는 고도화된 생성형 인공지능 챗GPT로 들썩거렸고, 챗GPT의 출현은 본격적인 AI시대의 서막을 알렸다. 챗GPT의 출현으로 미국과 중국뿐만 아니라 우리나라의 네이버, 카카오와 같은 기업에서도 고도화된 AI 개발에 박차를 가하고 있다. 미국이 주도한 트렌드에 IT에 강한 주요 국가들이 올라탄 것이다. 해외에서(주로 미국) 하나의 트렌드가 형성되면 국내 주식시장에는 해당 테마가 형성되면서 관련주들은 한동안 강한 상승 흐름을 보인다. 애플의 아이폰 출시 때도 그랬고, 테슬라의 전기차 출시 때도 그랬다. 그리고 그 트렌드는 크든 작든 투자 생태계를 만들면서 개인투자자들의 큰 관심을 끌게 된다.

국내 증권 방송사들은 평일 매일 새벽 6~7시부터 1~2시간 동안 미국과 유럽 주식시장 마감현황을 브리핑한다. 특히 미국 주식시장에서의 업종별 흐름이나 미국 중앙은행 인사들의 발언에 따라 국내 증시가 영향을 받기 때문이다. 예를 들어 전기차 기업 테슬라가 좋은 실적을 내 주가가 올랐다고 하면 국내 테슬라 관련 기업들의 주가도 덩달아 오르는 식이다. 또한 테슬라가 자율주행 관련 투자를 한다고 하면 국내 관련주들이 들썩이기 마련이다.

여기에 더해 최근 세계의 원유와 원자재 시장의 동향을 살펴 적절한 투자 방법을 찾아보는 것도 글로벌 트렌드에 민감하게 반응해 투자 대상을 늘리는 효과적인 투자 방법이 될 수 있다. 석유수출국기구 OPEC가 감산을 하면 국제유가가 올라 보통은 해외 증시뿐만 아니라 국내 증시도 하락하기 마련이다. 반면 원유 관련 회사들은 감산 시에는 주가가 오르곤 한다. 니켈, 리튬 등의 광물을 대거 보유한 국가나 밀, 옥수수 등의 농산물을 많이 보유한 국가가 수출량을 서서히 줄이는 상황이라면 이들 원자재의 가격이 오르게 되고, 이 경우 원자재를 대부분 수입하는 국내 증시는 주로 하락한다. 따라서 국내 증시에 투자하는 투자자들도 글로벌 트렌드나 정책 등을 잘 알아야 국내 증시에서도 좋은 성적을 낼 수 있다. 결국 해외투자를 많이 하다 보면 국내투자도 잘하기 마련이다.

해외투자
이 책
한 권으로
끝
챗GPT 수혜주부터,
테슬라, 인디아 펀드,
고배당 ETF까지
%
이정석의 해외 투자의 정석

CHAPTER

02

대세가 된 해외투자

국내에서 가장 많은 돈을 운용하는 단체인 국민연금의 경우 국내 주식보다 해외 주식 투자 비중이 훨씬 높다. 그리고 국민연금은 앞으로도 해외 주식과 대체자산(해외 부동산, 인프라) 등 해외투자의 비중을 더 높일 계획이다. 국내 증시의 낮은 수익률로 지쳐 있던 개인투자자들도 서서히 쌈짓돈을 동쪽에서 서쪽으로 옮기고 있다. 국내 기관과 개인들의 투자 동향은 어떨까?

무엇보다 해외투자는 다양한 상품들과 안정적인 투자환경으로 투자자들의 수익 창출에 긍정적인 금융 대안을 제시한다. 이처럼 우수한 투자여건을 두루 갖춘 시장이다보니 국내투자자들도 점점 해외투자에 눈을 돌리면서 보다 공격적인 투자를 하고 있다. 대세가 된 해외투자에는 다양한 투자상품들이 투자자들의 선택을 기다리고 있다.

이 장에서 다루고자 하는 해외투자의 종류로도 주식, 펀드, ETF, 랩(WRAP), ELS 등 그 종류만도 다섯 가지에 이른다. 이 중에서 주식만 직접투자이고, 나머지는 모두 간접투자상품이다. 해외투자상품들 중에서는 단연 주식의 비중이 가장 높다. 기대수익이 가장 높은 데다 특정 기업의 주주가 되고 싶은 욕구도 있기 때문이다.

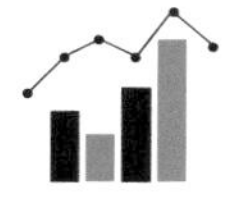

01 해외투자의 종류와 차이점

팔방미인상품 ETF

주식과 펀드는 오래 전부터 보편적인 투자상품으로 자리잡았으나 ETF에 대해서는 아직도 생소해하는 투자자들이 있다. ETF는 Exchange Traded Fund의 약자로 상장지수펀드라는 의미다. 이건 원론적인 의미이고, 쉽게 말하면 '주식처럼 현재 가격에 사고 팔 수 있는 펀드'라고 보면 된다. 펀드처럼 여러 종목에 분산투자해서 위험도를 분산하면서 주식처럼 현재 가격에 바로 사고 팔 수 있는 상품이다. 즉, 주식과 펀드의 장점을 동시에 보유한 상품이다.

펀드의 경우 국내는 자금을 납입한 영업일(주말, 공휴일을 제외하고 금융회사가 문을 열어 영업하는 날)로부터 기준가 적용까지 2~3영업일, 해외는 자금을 납입한 영업일로부터 기준가 적용까지 3~4영업일이 소요되는데 반해 ETF는 현재 가격에 바로 체결된다는 장점이 있다. 매도 시에도 ETF는 주식처럼 2영업일 후에 현금화되지만 해외펀드의 경우 환매를 청구한 날로부터 보통은 8~9영업일에 환매대금이 입금된다. 따라서 중장기 투자를 희망하는 투자자는 펀드 투자를 많이 하고, 빠른 체결과 현금화를 하면서 상대적으로 보유기간이 짧은 투자를 희망하는 투자자는 ETF를 선호하는 편이다.

해외 ETF는 상장 지역에 따라 국내 상장 해외 ETF와 해외 상장 ETF로 나눌 수 있다. 국내 상장 해외 ETF는 국내 자산운용사가 국내 주식시장에 상장시킨 ETF로, 해외 기업들에 투자하는 ETF를 말한다. 예를 들어 'TIGER 미국 S&P500 ETF'는 미래에셋자산운용사가 미국 S&P500 지수 내 기업들에 투자하는 ETF를 국내 주식시장에 상장한 것이다. TIGER는 미래에셋자산운용사의 ETF 브랜드명이다. 반면 해외 상장 ETF는 해외(주로 미국)에 상장된 ETF를 말하며, 대표적인 예로 SPY(SPDR S&P 500 ETF Trust) ETF를 들 수 있다. 이는 미국의 State Street Global Advisors라는 자산운용사가 미국 주식시장에 상장시킨 ETF를 말하며, 이 ETF는 S&P500 지수 내 기업들에 투자한다.

[주식, ETF, 펀드 간 비교]

분류	주식	ETF	펀드
투자 형태	직접투자	직접 + 간접투자	간접투자
투자 분포	1개의 기업	여러 기업, 특정 지수	여러 기업
매수체결시점	즉시	즉시	2~4영업일 후
수수료	0~0.5%	0.15~1.0%	0.5~1.5%
세금	국내	• 국내 상장 국내 ETF (주식형): 비과세 • 국내 상장 해외 ETF: 과세(15.4%) • 해외 상장 ETF: 과세(연 250만 원 초과 실현 수익의 22%)	• 국내펀드: 주식형은 비과세, 채권형은 과세(15.4%) • 해외펀드: 과세(15.4%)
투자가능 계좌	주식, ISA(국내 주식)	주식, IRP, ISA, 연금펀드, 변액연금보험	일반, IRP, ISA, 연금펀드, 변액연금보험

투자하는 재미가 쏠쏠한 랩(WRAP)

랩(WRAP)은 여러 투자 대상을 한 계좌에 묶어 운용·관리해주는 종합 자산관리 계좌를 의미한다. 랩에 여러 음식물이나 물건을 모아 보관하듯이 랩 계좌에는 주식, 채권, 파생상품, 펀드 등 다양한 상품들을 담을 수 있다.

펀드와의 가장 큰 차이점은 펀드가 규정에 따라 소수의 종목에 집중 투자하는 것을 못하게 한 반면 랩의 경우 소수의 종목에 집중 투자해 수익률을 극대화할 수도 있다는 점이다. 또한 펀드는 집합투자로서 사전에 정해진 운용 목표에 따라 투자하지만 랩의 경우 고객과의 의견 조율을 통해 고객의 투자 성향에 맞게 고객 계좌를 운용할 수도 있다. 펀드는 투자자들의 투자금을 받아 공통 계좌로 운용되지만 랩은 고객마다 개별 계좌가 만들어진다. 그리고 펀드의 경우 종목 구성을 확인하는데 최소 1개월 이상 걸리지만 랩의 경우 매일 확인할 수 있다는 장점도 있다. 펀드는 집합화·다수 종목으로 표현되는 반면 랩은 개인화·소수 종목으로 표현된다.

랩의 종류에는 지점일임형, 본사직접형, 자문형 등이 있는데 이 책에서는 증권사 지점 PB가 고객의 계좌를 직접 운용하는 지점일임형 랩보다는 본사 운용역이 고객 계좌를 운용하는 본사직접형 랩과 외부 전문 투자자문사의 자문을 받아 고객 계좌를 운용하는 자문형 랩 위주로 다루려고 한다. 해외투자 관련 랩은 주로 본사 직접형 랩이나 자문형 랩이 일반적이기 때문이다. 다만 랩은 펀드·ETF와 같은 간접투자상품보다 수수료가 높은 편이고, 최소투자금액이 3천만 원, 5천만 원, 1억 원 식으로 다른 간접투자상품 대비 투자 문턱이 높은 상품들도 적지 않은 편이다. 또한 투자 종목 수가 많으면 상관 없겠으나 종목 수가 적은(10개 이하) 랩의 경우 2022년과 같은 하락장에서는 상대적으로 손실 폭이 클 수 있다는 점은 유념해둬야 한다.

분류	펀드	랩
투자 종목	보통은 30~60개	소수 종목에 집중 투자 가능
최소 투자금액	1원	1천만 원
수수료	0.5~1.5%	0.8~2.0%
운용현황 파악	별도 요구 필요	매일 확인 가능
환매수수료	상품마다 상이	없음

연 6~10%의 짭짤한 수익을 볼 수 있는 ELS

ELS(Equity Linked Securities)는 주가연계증권이라는 의미로 개별 주식의 가격이나 주가지수 등에 연동하여 수익률이 결정되는 상품을 말한다. ELS는 2000년대부터 연 5~8% 정도의 수익을 바라는 투자자들에게 인기를 누렸고, 기초자산(ELS 상환 여부의 근거가 되는 자산. 주로 주가지수 또는 종목)이 개별 종목인 경우 연 10%가 넘는 상품들도 많이 출시돼 있다.

ELS의 상품 구조는 이렇다. 만약 연 수익률 8%, 기초자산은 S&P500과 유로스탁스50 지수, 자동 조기상환 시점일 때의 행사가격은 다음과 같다고 하겠다.

자동 조기상환 시점	6개월	12개월	18개월	24개월	30개월
자동 조기상환 행사가격	90%	90%	80%	80%	70%

자동 조기상환 시점이란 이 상품이 해당 조건을 충족해 조기에 상환될 수 있는 시기를 말하는데 이 상품의 경우 6개월마다 상환 시점이 도래한다. 만약 기초자산인 S&P500과 유로스탁스50 지수의 가격이 각각 가입 후 6개월간 90% 밑으로 빠지지 않는다면 투자자는 연 수익 8%의 6개월치 수익금을 지급받고, 조기에 상환돼 이 상품과의 계약은 종료된다. 자동 조기상환 행사가격이란 조기상환을 실현할 수 있는 기준이 되는 하한선 가격을 말하며, 90%라 함은 해당 기간 동안 기초지수 가격의 90%(기초지수가 100이라면 90) 위에 가격이 형성돼 있으면 조기상환이 된다는 의미다.

만약 S&P500과 유로스탁스50 지수 중 하나 또는 둘 다 이 상품 투자 후 6개월 내 90% 밑으로 내려 앉았다고 하면 추가 6개월을 더 기다렸다가 추가 6개월 내에 90% 밑으로 하락한 적이 없다고 하면 12개월째에 연 수익 8%가 지급되고 계약은 종료된다.

이런 식으로 앞 조기상환 시점에 조기상환 요건을 충족하지 못하면 계속 6개월씩 연장되는 구조다.

그러다가 최종 36개월까지 조기상환 되지 않았을 때 각 기초자산의 최종 기준가격이 모두 최초 기준가격의 60% 이상일 경우 '원금 + 24%(연 8% x 3년)'이 지급된다. 하지만 각 기초자산 중 하나(또는 모두)의 최종 기준가격이 최초 기준가격의 60%를 밑돌면서 투자기간 동안 하나의 기초자산이라도 종가가 하락한계가격(50%로 가정)을 밑도는 경우 그 하락률 만큼 손해가 발생한다. 이런 형태를 스텝다운(Step Down)형이라고 한다. 이는 하나의 예시를 들었을 뿐 ELS는 워낙 다양한 형태(녹아웃형, 불스프레드형, 디지털콜형)가 있기 때문에 가입 전에 여러 조건을 꼭 따져봐야 한다.

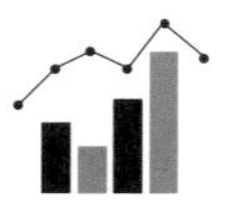

02 우리나라의 해외투자 현황

해외투자에 맛 들린 국민연금

운용 규모 약 900조 원에 이르는 국민연금의 투자 포트폴리오는 다음과 같다.

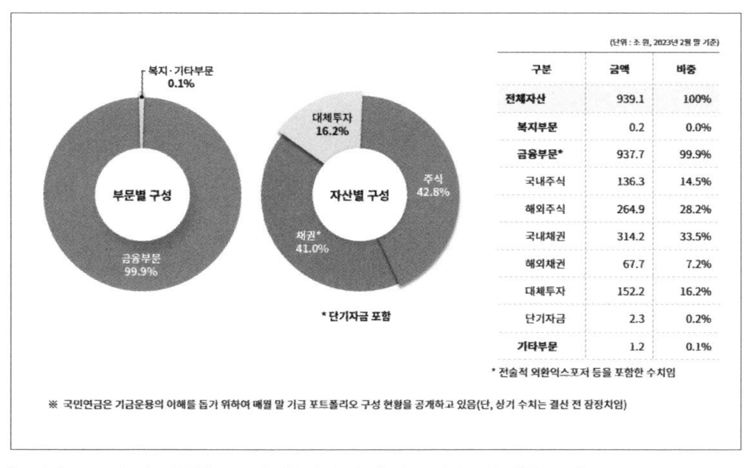

(단위 : 조 원, 2023년 2월 말 기준)

구분	금액	비중
전체자산	939.1	100%
복지부문	0.2	0.0%
금융부문*	937.7	99.9%
국내주식	136.3	14.5%
해외주식	264.9	28.2%
국내채권	314.2	33.5%
해외채권	67.7	7.2%
대체투자	152.2	16.2%
단기자금	2.3	0.2%
기타부문	1.2	0.1%

* 전술적 외환익스포저 등을 포함한 수치임

※ 국민연금은 기금운용의 이해를 돕기 위하여 매월 말 기금 포트폴리오 구성 현황을 공개하고 있음(단, 상기 수치는 결산 전 잠정치임)

[국민연금 포트폴리오 현황(2023년 2월 말 기준). 출처: 국민연금기금운용본부]

아무래도 우리들의 노후를 책임지는 만큼 안정성에 초점을 맞춰 국내 채권의 비중(33.5%)이 가장 높다. 그리고 그 다음이 해외 주식(28.2%)이다. 국내 주식과는 13.7%나 차이가 난다. 장기간 큰 돈을 운용해야 하는 국민연금은 수익성과 안정성을 같이 고려해야 하는데 해외 주식이 수익성에서는 국내 채권보다는 높고, 안정성에서는 국내 주식보다 낮다고 해석해도 무방한 대목이다.

국민연금은 2018년 이후 해외 주식의 비중을 계속 늘려왔다. 스스로 비중을 늘린 것도 있지만 수익률이 좋아 평가액이 늘어난 이유도 있다. 2018년 대비 2023년 2월 말 기준 해외 주식 평가액은 135%나 늘었다. 같은 기간 25.1%만 늘어난 국내 주식과는 너무나도 비교된다.

구분	현황(말잔)	2023년	2022년	2021년	2020년	2019년	2018년
전체자산(시장가)	939,067	939,067	890,466	948,719	833,728	736,654	638,781
국내 주식	136,342	136,342	125,373	165,808	176,696	132,261	108,914
해외 주식	264,947	264,947	240,894	256,925	192,752	166,528	112,961

[2018년 이후 국내 주식과 해외 주식의 평가액 추이. 출처: 국민연금기금운용본부]

그렇다면 국민연금의 각 투자 대상별 수익률은 어땠을까? 1988년 설정 후 2022년까지 35년간 해외 주식은 연평균 8.50%의 수익을 내 대체투자에 이어 누적수익률 2위를 기록 중이다. 그런데 대체투자도 주로 해외 부동산, 인프라, 사모펀드 등에 투자하기 때문에 사실상 해외투자자산이라고 보면 된다. 다만 러시아-우크라이나 전쟁에 따른 원자재 값 폭등과 물가 인상, 금리 인상 등으로 주가가 많이 하락한 2022년에는 해외 주식 수익률이 -12.34%로 부진했으나 국내 주식의 -22.76%보다는 선방했다.

(단위: %, 십억 원, 2023년 2월 말 기준)

구분	2023년(잠정치)		2022년(잠정치)		2020년~2022년 말		1988년~2022년 말 (설정 후)	
	수익률		수익률	수익금	수익률	수익금	수익률	수익금
	기간	연환산						
전체	5.00	5.77	-8.22	-79,552	3.28	83,806	5.11	451,284
복지부문	0.29	0.36	-0.27	-1	-1.72	-9	5.83	599
금융부문	5.00	5.78	-8.24	-79,567	3.28	8,379	5.04	431,361
국내 주식	9.23	9.23	-22.76	-37,844	4.41	20,379	5.22	77,626
해외 주식	9.06	9.06	-12.34	-32,844	6.93	44,097	8.50	107,598
국내 채권	1.26	3.17	-5.56	-18,628	-1.80	-17,596	3.33	151,114
해외 채권	4.66	5.78	-4.91	-3,282	-0.09	-134	3.24	13,800
대체 투자	3.69	3.69	8.94	11,620	11.56	36,145	9.94	79,289
단기 자금	1.54	1.56	-0.86	-31	0.13	14	3.09	1,586
기타부문	0.22	1.37	0.78	16	0.75	30	1.43	241

[자산별 성과 내역. 출처: 국민연금기금운용본부]

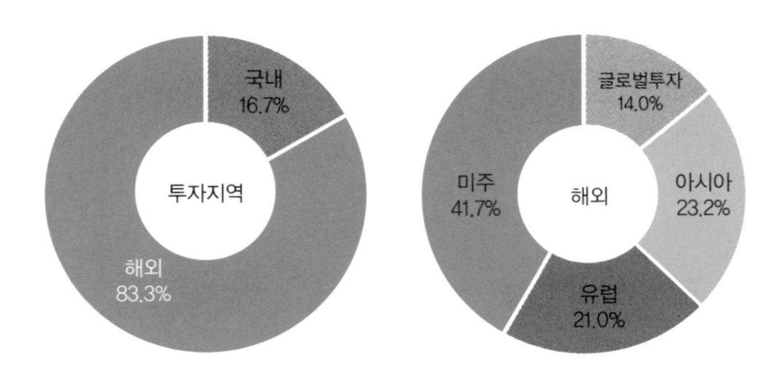

[대체자산 중 부동산의 국내, 해외 비중. 2021년 말 기준. 출처: 국민연금기금운용본부]

국민연금의 과거 10년간 수익률 추이는 다음과 같다.

연도	2013	2014	2015	2016	2017	2018	2019	2020	2021	2022
수익률	4.19%	5.25%	4.57%	4.75%	7.26%	-0.92%	11.31%	9.70%	10.77%	-8.22%

900조 원에 이르는 국민연금의 10년간 연평균 누적수익률은 4.7%이고, 1988년 제도 도입 이후 2022년까지의 연평균 누적수익률은 5.11%다. 반면 300조 원이 넘는 퇴직연금의 연평균 수익률은 2%도 되지 않는다. 물론 퇴직연금에서 안전자산 위주로 구성된 DB형(확정급여형)의 비중이 높다고는 해도 직장인들의 노후자금이 매년 과거 우리나라 물가 수준만큼만 늘어났었던 것이다. 해외투자 비중을 높이면서 수익률을 조금씩 높이고 있는 국민연금과 비교되는 대목이다.

해외 주식 투자 수익률이 좋기 때문에 국민연금으로서는 해외 주식의 비중을 조금씩 늘릴 수밖에 없다. 국민연금은 2022년 기금운용위원회를 열고 국내 주식과 국내 채권의 비중을 2027년까지 각각 14.0%, 22.9%로 줄이기로 했다. 반면 해외 주식 비중은 2027년까지 40.3%로 대폭 늘린다고 한다. 2027년까지 해외 채권 비중은 8%를 유지한다고 하니 인프라 투자까지 감안하면 국민연금의 해외투자 비중은 절반에 이르게 된다.

반면 국민연금의 수익률이 해외 유수의 연기금 대비 수익률에 비해서는 낮은 편이라는 지적도 있다. 실제 캐나다 연금기금인 CPPI(Canadian Pension Plan Investment)는 최근 10년간 연평균 누적 수익률이 10%나 된다. CPPI의 포트폴리오를 뜯어 보았더니 캐나다 국내자산에의 투자 비중은 17%밖에 되지 않고, 나머지는 해외 주식이나 해외 부동산·인프라 등의 해외 대체자산에 고루 분산투자하고 있다. CPPI에서 가장 투자 비중이 높은 것이 사모펀드(32%)인데 주로 해외의 다양한 자산에 투자를 하고 있다. 따라서 국민연금도 해외 연기금의 포트폴리오 사례를 본받아야 한다는 여론이 최근 들어 급속히 높아지고 있다.

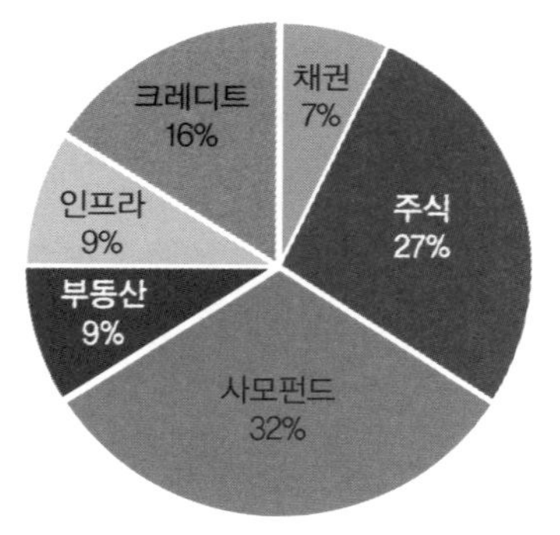

[캐나다 연금 CPPI 포트폴리오]

전 세계 운용 규모 4위이자 국내에서 가장 큰 돈을 굴리는 기관인 국민연금의 향후 투자 포트폴리오 리밸런싱은 우리에게 시사하는 바가 크다. 또한 최근 10년간 연 10%씩 수익을 냈던 캐나다 연금기금의 사례는 우리의 투자 행태를 다시 한 번 곱씹게 만든다.

'Go West!' 진격의 서학개미들

개인투자자들의 해외투자 열기 또한 국민연금 못지않다. 절대 보관 금액에서는 국민연금과는 꽤 차이가 나지만 매년 증가율에서는 국민연금을 능가한다. 예탁결제원에 따르면 2017년 374.3억 달러였던 개인투자자들의 해외 주식 보관금액은 이듬해 주춤했다가 2년 뒤인 2019년에 전년 대비 20%나 성장했다. 전 세계 주식시장이 상승하던 2020년부터 해외 주식 보관금액은 폭발적으로 증가했는데 2020년과 2021년의 전년 대비 증가율은 각각 66%, 39%였다.

해외 주식 결제금액은 2019년에 전년 대비 56%나 증가하면서 별다른 증가세를 보이지 못하던 국내 주식과 크게 대조되는 모습을 보였다. 개인들의 결제금액은 2020년과 2021년에도 각각 전년 대비 89%, 52%씩 늘어났는데 2019년부터 3년간은 그야말로 전국에 해외 주식 열풍이 강타했던 때였다. 다만 2022년 대세하락장에서는 보관금액과 결제금액이 각각 2021년 대비 23.8%, 23.5%씩 감소하면서 다소 주춤했던 양상이었다.

해외 주식 투자의 꾸준한 증가에는 '1장. 해외투자의 특징 및 장점'에서도 설명했듯이 수익률의 꾸준한 상승이 가장 큰 원인이다. 또한 미국에는 25년 또는 50년 이상 배당금을 계속 증가시켜 온 기업들이 많은데 꾸준한 배당금을 원하는 투자자들도 눈길을 국내 주식에서 해외 주식으로 돌리는 추세다.

그리고 예전에는 증권사 해외 주식팀을 통해 주간이나 야간에 전화로 주문을 해야 했으나 스마트폰 보급으로 인한 MTS 거래의 활성화가 해외 주식에의 거래 접근성을 향상시키는 데 큰 일조를 했다. 또한 모바일 거래는 오프라인(전화, 증권사 방문) 거래보다 수수료도 낮기 때문에 거래 수수료에 대한 부담을 덜 수 있다는 장점도 있다. 최근에는 미국 주식 주간거래가 활성화되면서 해외 주식에 대한 수요가 더 늘 것으로 기대된다.

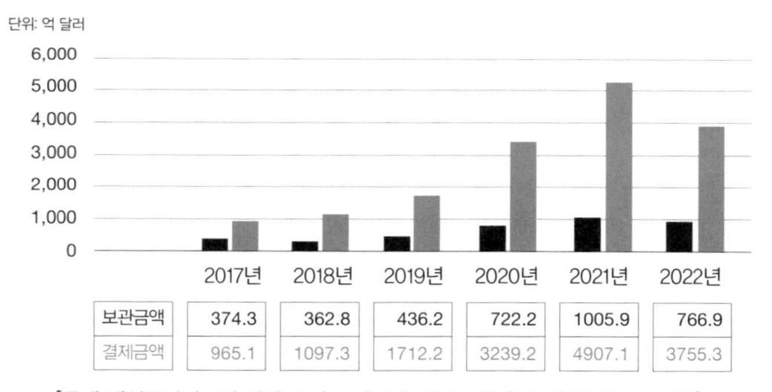

	2017년	2018년	2019년	2020년	2021년	2022년
보관금액	374.3	362.8	436.2	722.2	1005.9	766.9
결제금액	965.1	1097.3	1712.2	3239.2	4907.1	3755.3

[국내 개인투자자들의 해외 주식 보관금액, 결제금액 추이. 출처: 예탁결제원]

우리들이 목돈 마련과 자산 증식을 위해 투자하는 공모펀드 운용 규모 순위를 보면 1위부터 3위까지가 모두 해외펀드다. 국내 증시의 부진으로 2010년대 운용 규모 최상위에 있던 신영밸류고배당 펀드, 신영밸류마라톤 펀드, 한국투자네비게이터 펀드 등의 자리를 성장성 높은 해외 기업들로 구성된 해외펀드가 메운 것이다.

[국내에 설정된 공모펀드 운용 규모 순위(2023년 5월 20일 기준)]

- 1위: 피델리티글로벌테크놀로지증권자투자신탁(주식-재간접형): 3조 3,088억 원
- 2위: AB미국그로스증권투자신탁(주식-재간접형): 1조 9,272억 원
- 3위: 한국투자글로벌전기차&배터리증권투자신탁(주식): 1조 7,329억 원
- 4위: 미래에셋전략배분TDF2025혼합자산자투자신탁: 1조 1,851억 원
- 5위: 신영밸류고배당증권자투자신탁(주식): 1조 1,389억 원

국내에 상장된 주식형 ETF 시가총액 순위 TOP 10에는 해외 주식형 ETF가 절반을 차지한다. 개인투자자들은 주식과 펀드 외 ETF에서도 'Go West'를 외쳤다.

종목명	투자 지역	시가총액(억 원)
KODEX 200	국내	56,707
TIGER 차이나전기차SOLACTIVE	해외	27,831
TIGER 미국나스닥100	해외	25,341
TIGER MSCI Korea TR	국내	23,228
KODEX 레버리지	국내	20,762
TIGER 200	국내	20,597
KODEX 200TR	국내	18,399
TIGER 미국S&P500	해외	16,623
TIGER 미국필라델피아반도체나스닥	해외	16,059
TIGER 미국테크TOP10 INDXX	해외	13,438

[국내에 설정된 주식형ETF 순위. 출처: FnGuide(2023년 5월 20일 기준)]

펀드와 ETF에서도 해외 상품들이 좋은 성과를 보이면서 국내투자자들은 자신의 바구니에서 자금을 조금씩 해외로 옮기고 있다. 목돈 마련을 위한 적립식펀드 투자에서도 해외펀드의 수익률이 확연히 좋았으며, IRP(Individual Retirement Pension, 개인형퇴직연금) 등 연금에서 많이 투자하는 ETF와 펀드의 수익도 해외 쪽이 좋았으니 자금을 해외로 옮기고 싶은 것은 당연지사다. 또한 모바일 거래 시 펀드 수수료가 최대 절반 가량 저렴한 것도 국내펀드 대비 상대적으로 수수료가 비쌌던 해외펀드에의 접근성을 끌어올리는 동기가 되고 있다.

CHAPTER

03

세계는 넓고 투자할 곳은 많다!

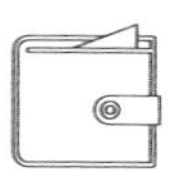

'해외투자'라고 하면 일단 어느 나라에 투자해야 할지 막연할 수 있다. 전 세계 수백여 개 나라 중에서 어느 나라의 증시에 투자하라는 것인지… 글로벌 최강대국 미국에만 투자하면 되나? 아니면 선진국 증시 위주로 투자하면 되나? 가까운 나라인 중국과 일본 증시에 투자하면 되나?

무엇보다 해외투자를 처음 하고자 하는 국내투자자라면 금싸라기 같은 내 자산을 낯선 해외 주식에 투자한다는 것 자체가 망설여질 수 있을 것이다. 이럴 때는 세계 경제시장을 주도하고, 전 세계적인 글로벌기업들이 시장에 나와 있는 미국 시장이 아무래도 안전하고 매력이 있는 투자시장으로 인식될 수 있을 것이다. 해외투자 전문가들도 예외 없이 글로벌 패권국가인 미국, G2 국가 중 하나인 중국을 꼽기를 주저하지 않는다. 이 외에도 미국과 함께 가장 큰 경제권역인 유럽, 전 세계 인구 1위가 된 인도, 중국의 대체국가로 부상하고 있는 베트남 증시를 추천 대상국 증시로 꼽았다.

그렇다면 각 나라의 특징과 거래소, 지수 구성은 어떻게 될까? 그리고 대표 기업들은 어디일까. 또한 이들 나라 관련 투자상품에는 어떤 것들이 있을까? 이번 장에서 각 나라별 투자환경과 대표 기업들을 알아보자.

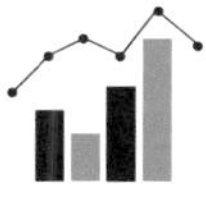

01 미국: 글로벌 1등기업과 혁신기업들이 즐비한 국가

- 인구: 3억 3,999명. 전 세계 3위(2023년 3월 기준)
- 화폐 단위: 미국 달러(USD)
- GDP: 22조 9,961억 달러(2021년 기준), 전 세계 1위
- 주요 주식시장: 뉴욕 증권거래소, 나스닥, 아멕스
- 주식시장 거래시간(정규장. 한국시간 기준): 서머타임 적용 시 22:30~05:00, 서머타임 미 적용 시 23:30~06:00

미국 주식시장의 구조

미국 주식시장은 전 세계 주식시장에서 차지하는 비중이 40%를 넘을 만큼 대규모 시장이다. 시가총액 비중 2~10위 국가의 주식시장 시가총액을 다 합해도 미국보다 작다. 미국 주식시장의 시가총액은 우리나라 주식시장의 20배를 넘으며, 애플 한 기업의 시가총액이 우리나라 주식시장 시가총액의 합보다도 클 정도다. 미국 주식시장의 규모가 워낙 큰데다 향후 전도 유망한 기업들이 워낙 많기 때문에 해외투자에 있어서 주식이든 펀드든 ETF든 미국 기업의 비중을 높

일 필요가 있겠다.

1792년에 문을 연 미국 주식시장에는 16개나 되는 증권거래소가 있으나 이 책에서는 '3대 증권거래소'라고 불리는 대표적인 3개의 거래소만 소개한다. 뉴욕 증권거래소(NYSE)는 거래액수와 시가총액으로 미국 최대 거래소이자 전 세계 주식시장에서 시가총액 비중이 가장 큰 대형 거래소다. 나스닥(NASDAQ) 시장은 시가총액 기준 전 세계 2위 주식시장이며, 주로 IT, 인터넷, 바이오 등 3,800여 개의 성장성 높은 기업들이 포진돼 있다. 우리에게 친숙한 애플, 마이크로소프트, 알파벳(구글 지주회사), 테슬라, 엔비디아 등이 나스닥에 상장돼 있다. 아멕스(AMEX, American Stock Exchange) 주식시장은 주로 시가총액이 낮은 중소형주 위주로 구성돼 있다. 주식시장은 이렇게 여러 개로 구분돼 있어도 우리가 미국 주식에 투자할 때는 시장 구분 없이 해당 종목만 입력하면 된다.

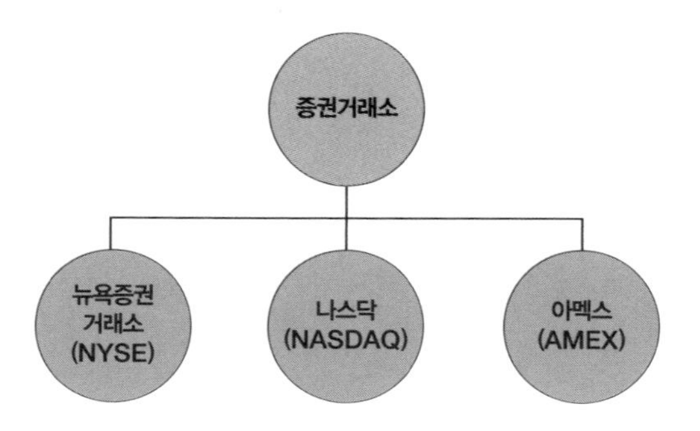

미국 주식시장에는 다음과 같은 3대 지수가 있다.

다우존스 지수

미국의 다우존스(Dow Jones)사가 뉴욕 증권시장에 상장돼 있는 주식 중 가장 신용 있고 안정된 우량종목 30개를 기준으로 산출한 주가지수를 지칭한다. 1884년부터 산출된 전통 있는 다우존스 지수의 정식 명칭은 다우존스 산업평균지수(Dow Jones industrial average index)이며, 짧게는 다우 지수로도 불린다.

S&P500 지수

1957년부터 산출된 S&P500 지수는 실질적으로 미국 증시를 대표하는 지수이자 글로벌 벤치마크(특정 분야를 대표하는 지수)로 인정받을 만한 대표 주가지수다. 미국의 신용평가회사 스탠더드 앤 푸어스(Standard & Poor's)사가 기업 규모, 산업대표성, 유동성 등을 평가해 선정한 500개 기업을 대상으로 발표하는 주가지수다. 다우 지수는 30개 종목으로만 구성돼 있어 대표성을 띄기에는 부족한 면이 있고, 나스닥 지수는 IT와 바이오기업의 비중이 높아 전체 산업을 대변하지는 못하는 반면 S&P500 지수는 종목 수나 업종별 분포에서 고른 면을 보이고 있어 대표성을 띄는 지수다.

나스닥 지수

1971년부터 산출된 나스닥 지수는 나스닥 거래소에 상장된 모든 보통주 주가를 시가총액 방식으로 산출해 발표하는 주가지수를 말한다. 국내투자자들이 많이 투자하는 테슬라, 애플, 마이크로소프트, 알파벳 등이 이 지수에 속해 있으며, 주로 IT, 바이오 등 미래 성장성이 높은 기업들로 구성돼 있다. 대세상승장에서는 3개 지수 중에서 상승 탄력이 가장 높으나 2022년과 같은 금리 인상기, 대세하락장에서는 다른 지수 대비 하락 폭이 큰 편이다.

압도적 1위의 투자 비중

국내투자자들의 해외 주식 매매에 있어 미국의 비중은 압도적이다. 다음은 2021년, 2022년 2년간 국내투자자들의 지역별 해외 주식 결제 건수 현황이다. 미국은 전체 결제 건수의 92.3%(2021년), 94.2%(2022년)를 차지했다.

[지역별 해외 주식 결제 건수 현황]

연도	미국		유로시장		중국+홍콩		기타국가		총합계	
	매도	매수	매도	매수	매도	매수	매도	매수	매도	매수
2021	3,843,475	4,716,020	2,522	4,218	220,040	283,190	96,605	144,112	4,162,642	5,147,540
2022	3,912,021	4,787,540	16,642	24,965	141,189	158,536	83,633	127,764	4,153,485	5,098,805

(출처: 예탁결제원. 단위: 백만USD)

지역별 해외 주식 결제금액도 2021년에 92.7%, 2022년에 94.4%를 차지했을 만큼 미국 주식에의 결제 비중은 압도적이다.

[지역별 해외 주식 결제금액 현황]

연도	미국		유로시장		중국+홍콩		기타국가		총합계	
	매도	매수	매도	매수	매도	매수	매도	매수	매도	매수
2021	174,627	195,419	406	489	10,183	11,223	1,882	1,496	187,099	208,628
2022	135,777	147,830	1,039	1,245	5,147	4,909	930	822	142,893	154,806

(출처: 예탁결제원. 단위: 백만USD)

지역별 해외 주식 보관금액도 2021년, 2022년 동안 미국이 87%의 높은 비중으로 1위를 차지했다.

[지역별 해외 주식 보관금액 현황]

연도	유로시장	미국	일본	홍콩	중국	기타국가	합계
2021	216.21	67,779	2,733	3,101	2,374	1,710	77,913
2022	97	44,229	2,611	2,291	1,561	4,577	55,366

(출처: 예탁결제원. 단위: 백만USD)

글로벌 1등기업, 혁신기업들이 즐비한 국가

미국의 주요 기업들

사실상 미국의 시가총액 상위 기업들의 순위가 전 세계 시가총액 상위 순위와 비슷하다. 전 세계 시가총액 TOP 10에 미국 기업들이 8개가 포진해 있기 때문이다. 미국 상장기업 내 시가총액 TOP 20을 나열해 보았다.

[미국 기업 시가총액 TOP 20(단위: 100만USD)](5월 20일 기준)

순위	기업명	섹터	시가총액
1	애플	IT	2,755
2	마이크로소프트	IT	2,367
3	알파벳	IT	1,562
4	아마존닷컴	임의 소비재	1,193
5	엔비디아	IT	773
6	버크셔 해서웨이	금융	725
7	메타플랫폼스	임의 소비재	630
8	테슬라	임의 소비재	571
9	비자	금융	478
10	유나이티드헬스 그룹	헬스케어	446
11	존슨앤존슨	헬스케어	445
12	엑슨모빌	에너지	430
13	일라이 릴리	헬스케어	420
14	JP모간 체이스	금융	407
15	월마트	필수 소비재	404
16	마스터카드	금융	365
17	P&G	필수 소비재	316
18	홈디포	산업재	295
19	셰브론	에너지	294
20	머크	헬스케어	293

'혁신의 아이콘'인 애플은 2010년에 처음으로 글로벌 시가총액 1위에 올라선 이후 마이크로소프트, 사우디아라비아의 석유·천연가스기업 아람코 등 쟁쟁한 기업들에게 길지 않은 기간 동안 수위 자

리를 내주었다가 2022년 6월부터 다시 전 세계 시가총액 1위 자리를 유지하고 있다. 전 세계적으로 프리미엄 스마트폰인 아이폰에 대한 충성도가 워낙 높으며, 우리나라에서도 청소년들이 꼭 받고 싶은 선물 1~2위가 아이폰일 정도다. 또한 애플은 아이폰·아이패드·맥북과 같은 하드웨어뿐만 아니라 서비스 부문(유료앱 수수료·클라우드·뮤직)과 웨어러블&액세서리 부문(애플워치 등) 등 매출 구성이 다양하다. 국내 개인투자자들이 테슬라에 이어 가장 많이 보유하고 있는 해외 주식이 바로 애플이다. 애플 주가는 첫 시가총액 1위에 올랐던 2010년 이후 2022년 말까지 약 1,600%나 상승했다.

시총 2위 마이크로소프트는 고도화된 생성형 인공지능 챗GPT의 상승세를 등에 업고 힘찬 날개짓을 하고 있다. MS윈도우와 MS오피스 외에 성장동력이 약했던 마이크로소프트는 현 CEO인 사티아 나델라가 2014년에 지휘봉을 잡은 이후 클라우드에 박차를 가하면서 제2의 전성기를 구가, 한때 애플을 누르고 전 세계 시총 1위에 오르기까지 했었다. 기울어져 가던 회사에 클라우드라는 신 성장동력을 주입해 클라우드 규모를 4배 이상 키우며 클라우드 부문 1위 사업자 아마존닷컴을 위협하고 있는 나델라 CEO는 이제는 챗GPT로 전통의 검색 강자 구글을 압박하고 있다.

알파벳은 구글의 지주회사로 구글, 유튜브, 안드로이드, 크롬 등 메카톤급 서비스로 초우량기업이 됐다. 구글은 현재 전 세계 검색량의 약 90%를 차지하고 있으며, AI 기술이 앞서 있었다는 평가를 받았다가 챗GPT의 등장으로 검색량 감소가 우려되자 현재 AI 기술에 박차를 가하고 있다.

아마존닷컴은 전 세계 전자상거래 1위 기업이자 전 세계 클라우드 1위 기업이다. 코로나 팬데믹의 최고 수혜주로 2020년에 주가가 2배 가량 상승했으나 리오프닝 이후 주가는 다시 팬데믹 이전 수준으로 돌아갔다가 2023년부터 반등하고 있다.

전 세계 반도체 기업 중 시가총액이 가장 큰 기업인 엔비디아는 비메모리 반도체 전문기업이고, GPU 점유율에서 압도적인 1위에 올라 있다. 엔비디아의 매출 구조는 게임, 데이터베이스센터 부문의 비중이 높았으나 올해 최고의 인기를 구가하고 있는 챗GPT로 인한 빅테크 기업들의 AI 경쟁의 가장 큰 수혜를 입어 AI 부문도 증가할 것으로 기대된다. AI 열풍으로 인해 2023년 전 세계 주식시장에서 가장 큰 인기를 끌고 있는 종목이다.

버크셔 해서웨이라고 하면 생소해 하는 사람들이 많을 것이다. 하지만 '투자의 귀재' 워런 버핏이 CEO를 맡고 있는 회사라고 하면 다들 고개를 끄덕일 것이다. 버크셔 해서웨이는 버핏이 이끄는 투자회사로 이 회사의 투자 포트폴리오를 전 세계 많은 투자자들이 참고하고 있는 실정이다. 현재 이 기업의 투자 포트폴리오 내 비중 1·2·3위 회사는 애플, 뱅크오브아메리카(BOA), 셰브론이다. 현재 버크셔 해서웨이는 의결권이 온전히 주어지는 A주와 의결권 비중이 매우 작은 B주로 나뉘는데 A주 1주 가격이 2023년 5월 20일 기준 50만 달러를 약간 넘는다. 원화로 환산하면 6억 6,000만 원에 이른다. 버크셔 해서웨이 A주는 전 세계에서 가장 비싼 주식이다.

메타플랫폼스는 메타버스 사업을 더 키우기 위해 2021년 10월 사명을 페이스북에서 바꿨지만 2022년 주가가 65%나 하락하면서 혹독한 한 해를 보내야 했다. 그러다 2023년에 실적 개선과 인원 감축 등의 주가 호재 요인들이 생기면서 2022년 하락분을 만회해나가고 있다.

테슬라는 서학개미들이 가장 많이 찾고 있는 해외 기업이다. 2020년 이후 국내투자자들은 테슬라를 폭풍 매수했고, 2020년부터 2년간 테슬라의 주가도 폭발적으로 상승했다. 현재 보관금액, 결제금액 기준 압도적인 1위다. 탁월한 기술력을 앞세운 이 전 세계 전기차 부문 리딩기업에 개인투자자들이 많은 점수를 주고 있는 것 같긴 하지만 아무래도 주가가 오를 때 화끈하게 오르기 때문에 주가 탄력성이 좋은 종목을 찾는 국내투자자들에게는 안성맞춤이었던 것 같다. 다만 일론 머스크 CEO가 자주 구설수에 오르는 등 CEO 리스크는 늘 테슬라의 아킬레스건이다. 실제 CEO 리스크 등 여러 악재가 겹치면서 2022년에 주가가 전고점 대비 67%나 폭락하기도 했다.

비자는 전 세계 최대 신용카드 회사이며, 200개 이상의 국가에서 1만 5천 개가 넘는 금융기관과 협력하는 글로벌 최대 결제 네트워크 기업이다. 코로나가 잠잠해지면서 소비와 해외여행 수요가 늘어나 비자 카드 사용량이 늘어날 것으로 기대된다.

시가총액 10위 유나이티드헬스그룹은 미국의 최대 민간 의료보험 기업으로 가입자 수만 5천만 명을 넘는다. 1977년 창립 이후 건강보험과 디지털 헬스케어 서비스 사업을 주로 해오던 이 기업은 지금까지 꾸준히 성장해왔으며, 2022년 하락장에서도 6.5%나 오르면서 견고함을 자랑했다.

2022년 우리나라 투자자들이 가장 많이 매수한 해외 주식은 모두 미국 주식이고, 2022년 매수결제 TOP 10 종목으로 테슬라와 TQQQ(PROSHARES ULTRAPRO QQQ) ETF, SOXL(DIREXION DAILY SEMICONDUCTORS BULL 3X SHARES) ETF가 각각 1, 2, 3위에 올라 있다. 이와 함께 매수결제 TOP 10 종목은 다음 표와 같다.

특징적인 것은 2022년 주가 변동성이 워낙 심하다 보니 주가 상승·하락 폭의 최대 3배수(3X)까지 움직이는 ETF가 TOP 10에 여러 개 들었다는 점이다.

[2022년 해외 주식 매수결제 순위(단위: USD)][1]

순위	국가	티커	종목명	매수결제 금액
1	미국	TSLA	테슬라	19,274,844,653
2	미국	TQQQ	PROSHARES ULTRAPRO QQQ ETF	14,736,503,994
3	미국	SOXL	DIREXION DAILY SEMICONDUCTORS BULL 3X SHARES ETF	11,050,992,018
4	미국	SQQQ	PROSHARES ULTRAPRO SHORT QQQ ETF	10,941,339,609
5	미국	AAPL	애플	4,519,504,438
6	미국	SOXS	DIREXION DAILY SEMICONDUCTOR BEAR 3X ETF	4,220,027,044
7	미국	NVDA	엔비디아	4,116,316,164
8	미국	GOOGL	알파벳	2,442,485,706
9	미국	MSFT	마이크로소프트	1,911,794,925
10	미국	LCID	루시드	1,427,002,182

(출처: 증권정보포털)

미국 기업 관련 주요 펀드·ETF

국내에서 판매되는 해외펀드에는 미국 기업들의 비중이 높다. 현재 국내에서 판매되는 대표적인 주식형펀드와 주식형 ETF로는 AB미국그로스증권투자신탁(주식-재간접형), 한국투자미국배당귀족증권자투자신탁(주식), KB스타미국S&P500인덱스증권자투자신탁(주

1 티커: 미국 증시에 등록된 종목의 약어

식–파생형)이 있다.

[미국 주식형펀드 운용 규모 TOP 3(5월 20일 기준)]

펀드명	자산운용사	운용 규모
AB미국그로스증권투자신탁(주식–재간접형)	AB자산운용	1조 9,272억 원
한국투자미국배당귀족증권자투자신탁(주식)	한국투자신탁운용	4,778억 원
KB스타미국S&P500인덱스증권자투자신탁 [주식–파생형]	KB자산운용	2,392억 원

[해외 상장 미국 주식형 ETF 운용 규모 TOP 3(5월 20일 기준)]

티커	Full name	운용 규모
SPY	SPDR S&P 500 ETF Trust	3,806억 달러
IVV	iShares Core S&P 500 ETF	3,069억 달러
VTI	Vanguard Total Stock Market ETF	2,841억 달러

[국내 상장 미국 주식형 ETF 운용 규모 TOP 3(5월 20일 기준)]

코드	종목명	운용 규모
133690	TIGER 미국나스닥100 ETF	23,228억 원
360750	TIGER 미국S&P500 ETF	18,399억 원
381180	TIGER 미국필라델피아반도체나스닥 ETF	16,059억 원

(출처: 펀드슈퍼마켓)

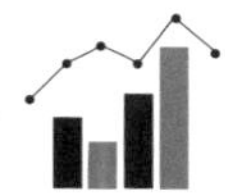

02 중국: 미국과 함께 G2국가의 한 축(홍콩 포함)

- 인구: 14억 2567만 명. 전 세계 2위(2023년 3월 기준)
- 화폐 단위: 위안(CNY)
- GDP: 17조 7,340억 달러, 전 세계 2위
- 주식시장 구성: 상하이, 선전, 홍콩 증권거래소
- 주식시장 거래시간(한국시간 기준): 10:15~12:30, 14:00~16:00

다소 복잡한 구조의 중국 증권거래소

중국(홍콩 포함) 주식시장은 복잡한 편이다. 중국의 증권거래소는 크게 상하이(상해) 증권거래소, 선전(심천) 증권거래소, 홍콩 증권거래소로 나뉜다. 1891년에 개장된 홍콩 거래소가 가장 오래된 거래소이며, 상하이 거래소와 선전 거래소는 각각 1990년, 1991년에 개장했다.

한국의 코스피와 비슷한 상하이 거래소는 중국 내 국영기업과 대형주들이 주로 상장돼 있고, 금융, 에너지, 소비재 기업들의 비중이 높다. 대표적인 기업으로는 중국공상은행, 초상은행, 평안보험, 귀주모태주, 항서제약, 페트로차이나 등을 들 수 있다. 상하이 거래소는 메인보드와 과창판으로 구분되는데 메인보드는 말 그대로 주요 국영기업과 대기업으로 구성돼 있고, 과창판은 기술주 중심으로 구성돼 있다.

IT 관련 스타트업기업들이 많은 도시인 선전은 '중국의 실리콘밸리'라고 불리며, 한국의 코스닥과 비슷한 성격의 선전 거래소에는 IT, 통신, 헬스케어, 미디어 기업들의 비중이 높다. 2차전지 글로벌 1위 CATL(닝더스다이)를 비롯해 중국 내 전기차 1위이자 2차전지 글로벌 3위인 BYD(비야디), 메이디그룹, 중흥통신, 오량액, TCL그룹 등이 상장돼 있다. 선전 거래소도 메인보드+중소판과 창업판으로 구분되는데 창업판은 주로 벤처기업과 과학기술 혁신기업으로 구성돼 있다.

선강퉁과 후강퉁

외국인들이 자유롭게 투자했었던 홍콩 거래소와는 달리 상하이와 선전 거래소는 주요 기업들이 상장돼 있던 A주에는 외국인들이 투자를 하지 못했고, 외국인 전용인 B주에만 투자가 가능했었다. 그러다가 중국 정부는 2014년부터 후강퉁(沪港通), 2016년부터 선강퉁(深港通)을 시행하면서 A주에도 문호를 개방하게 됐다. 여기서 후(沪)는 상하이, 선(深)은 선전, 강(港)은 홍콩, 퉁(通)은 통한다는 의미다.

후강퉁(沪港通)이란 상하이 거래소와 홍콩 거래소 간의 교차거래를 할 수 있는 제도를 말한다. 후강퉁 이전에는 중국 내국인과 적격 외국인 투자기관만이 상하이 A주를 매매할 수 있었으나 후강퉁 시행 이후에는 해외 및 홍콩에 거주하는 투자자가 자격요건 제한 없이 홍콩 거래소를 통해 상하이 A주를 매매할 수 있다. 그리고 선강퉁(深港通)이란 선전 거래소와 홍콩 거래소 간의 교차거래를 할 수 있는 제도를 말한다.

중국의 주요 지수

상하이 거래소 내 상장된 모든 종목을 대상으로 시가총액을 산정한 상하이종합지수는 1990년 개장 때 100으로 시작해서 5월 20일 기준 3283.5포인트까지 상승했다. CSI300 지수는 상하이 거래소 종목 70%, 선전 거래소 종목 30% 정도의 비중으로 구성돼 있으며, 지수 내 업종별 비중은 금융, 필수소비재, 산업재, IT 순이다. 국내에는 CSI300 지수를 기초지수로 한 ETF가 여러 개 상장돼 있는데 대표적인 ETF로는 KODEX 차이나CSI300, TIGER 차이나CSI300, TIGER 차이나CSI300레버리지(합성) 등이 있다.

국내투자자들에게 익숙한 홍콩H(HSCEI. Hang Seng China Enterprises Index) 지수는 홍콩 거래소에 상장된 중국 국영기업들 중에서 우량한 기업들로 구성된 지수다. 차이나펀드 열풍이 불던 2000년도에는 국내 주식투자자들 사이에서 중국 주식과 홍콩 주식 열풍이 불어 홍콩H 지수에 속한 기업들에 직접투자를 많이 했으나 2008년 글로벌 금융 위기 이후 투자 열기가 식어버렸다. 이후 주로 ELS에서 HSCEI 지수를 기초자산으로 많이 활용하는 추세다. 항셍 지수는 홍콩 거래소에 상장된 유동성이 높은 상위종목으로 구성된 주가지수이며, HSBC 홀딩스와 텐센트 등이 항셍 지수를 대표하는 종목이다.

중국은 전 세계 인구 2위, 군사력 2위, 경제 규모 2위의 대국으로 미국과 함께 G2 국가 중 하나로 굳건히 자리매김하고 있다. 중국의 영향력이 크기 때문에 중국이나 중국 기업들에의 투자도 고려해 볼만 하다. 또한 한국의 수출 1위 국가가 중국이기 때문에 GDP에서 수출이 차지하는 비중이 높은 우리나라로서는 중국의 경제 상황이나 정책이 매우 중요한 경제지표가 될 수밖에 없다. 중국은 특히 2021년부터 빅테크 기업과 사교육 기업 등을 규제했음에도 전기차·2차전지 부문을 진작하며 국내 전기차 시장을 전 세계 최대 시장으로 키웠다. 또한 바이오, 친환경 분야도 중국이 적극 육성하는 분야다.

반면 빛이 있으면 그림자도 있는 법. 국제사회에서 중국의 영향력이 점점 커져가자 전 세계 최강대국인 미국이 중국을 견제하고 중국 기업들을 규제하기 시작했고, 최강대국의 견제에 화웨이 등 중국의 일부 기업과 반도체와 같은 분야는 조금씩 힘을 잃어가고 있다. 미국의 지속적인 압박에 중국에서 다국적기업들이 공장을 인근 베트남이나 인도로 옮기는 양상이다. 영국, 일본, 호주, 인도 등이 미국에 힘을 실어주자 중국은 러시아, 브라질, 사우디아라비아 등과 유대를 과시하면서 반중 연대에 맞서는 상황이다. 또한 중국 공산당의 정책이 절대적인 데다 반시장적인 부분도 적지 않아서 투자에 주의할 필요가 있다. 따라서 중국에의 투자는 지수에 투자하기 보다는 중국 정부가 적극 밀어주는 분야의 대장주 위주로 투자하거나 특정 업종에 투자하는 ETF 등에 투자하는 식으로 범위를 좁힐 필요가 있다. 중국의 시가총액 TOP 10 기업으로는 텐센트, 귀주모태주, 중국공상은행 등이 있다. 기타 주요 대표 기업들은 다음 표와 같다.

[중국의 대표 기업들 시가총액 TOP 10]

기업명	업종
텐센트	IT
귀주모태주	소비재
중국공상은행	은행
페트로차이나	에너지
차이나모바일	통신
중국농업은행	은행
중국건설은행	은행
중국은행	은행
CATL	2차전지
평안보험	보험

[중국 관련 주요 펀드]

- **KB중국본토A주증권자투자신탁**: 중국 본토 A주 주요 기업
- **미래에셋차이나솔로몬증권투자신탁**: 텐센트, 알리바바, 평안보험 등 중국 주요 기업
- **미래에셋차이나그로스증권자투자신탁1호(주식)**: BYD, 텐센트, 알리바바, CATL 등 중국 내 성장성 높은 기업들

[중국 관련 주요 ETF]

상장 지역	티커 (또는 코드)	Full name
미국	KWEB	KraneShares CSI China Internet ETF
한국	371460	TIGER 차이나전기차SOLACTIVE
한국	192090	TIGER 차이나CSI300

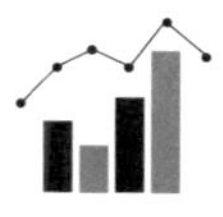

03 유럽: 미국과 함께 최고의 경제 권역

유럽 증시 하면 먼저 떠올리는 대상이 유로스탁스50 지수다. 유럽 12개국 증시에 상장된 기업 중 50개 우량기업을 선정해 만든 주가지수로 1998년 2월에 도입됐다. 국가별 비중은 프랑스, 독일, 스페인, 네덜란드, 이탈리아 순이다.

유로스탁스50 지수를 구성하는 기업 중 우리에게 알려진 기업들은 다음과 같다.

- 독일: BMW, SAP, 폭스바겐, 아디다스, 바스프, 바이엘, 다임러, 알리안츠, 인피니온 테크놀로지스, 지멘스, 보노비아, 독일증권거래소
- 프랑스: LVMH, 에르메스, 로레알, 케링, 악사, 에어버스그룹, BNP 파리바, 사노피, 에어 리퀴드, 페르노리카, 빈치, 토탈
- 네덜란드: ASML, ING그룹

국내투자자 사이에서는 유럽 기업들의 인기가 높지는 않으나 유럽 투자 애호가 사이에서는 주로 독일과 프랑스 기업들에 많이 투자하는 편이다. 유럽 기업들은 미국 기업들만큼 정보가 많지 않기 때

문에 개별 기업 투자보다는 펀드나 ETF 투자로 접근하는 이들이 많은 편이다.

독일

- 인구: 8,329만 명. 전 세계 19위(2023년 3월 기준)
- 화폐 단위: 유로
- GDP: 4조 2,231억 달러(2021년 기준), 전 세계 4위
- 주식시장 거래시간(정규장. 한국시간 기준): 서머타임 적용 시 16:00~00:30, 서머타임 미 적용 시 17:00~01:30

세계 경제 규모 4위의 독일은 유럽의 최대 경제 대국이자 일본과 함께 제조업 강국이다. 자동차, 화학, 기계, 제약 등의 경쟁력이 뛰어나고, 금융 분야에서도 강점을 보이고 있다. 특히 폭스바겐, BMW, 아우디, 벤츠 등의 브랜드를 앞세운 자동차 산업은 독일 경제의 핵심 동력이다. 지멘스, 티센크루프, 칼 자이스, 보쉬 등이 이루는 기계·산업용 장비·공구 분야도 독일이 자랑하는 분야다.

독일은 1960~1970년대 유럽 최대 금융강국이었다가 금융강국 주도권을 영국에 빼앗겼으나 2020년 브렉시트(영국의 유럽연합(EU) 탈퇴) 이후 EU의 금융 중심지로 부상 중이다. 유럽중앙은행의 본사가

독일 최대 금융도시인 프랑크푸르트에 위치하고 있으며, 도이치방크와 코메르츠방크 등의 본사가 프랑크푸르트에 위치해 있다.

1990년 동·서독 통합 이후 독일은 한때 '유럽의 병자(病者)'로 불렸지만 2005년 11월에 집권한 앙겔라 메르켈이 훌륭한 리더십을 발휘하면서 독일을 유럽의 최대 강국으로 끌어올렸다. 메르켈 집권 전만 해도 경제성장률은 1.2%로 저조했고, 실업률은 9.3%로 두 자릿수에 가까운 수치를 보였다. 메르켈 총리는 집권 이후 혹독한 경제 개혁으로 경제 체질을 개선했고, 노동 개혁을 하면서 일자리 창출을 이끌어냈다. 이 결과 메르켈 집권 시절(2006년~2021년) 독일의 경제성장률은 2.2%로 뛰어올랐고, 실업률도 5.5%로 대폭 낮아졌다. 이 수치는 같은 기간 유로존의 경제성장률 1.9%, 실업률 9.5%보다 현저히 뛰어난 수치다.

독일 주식시장은 서머타임 적용 시 한국시간 기준 16:00~00:30, 서머타임 미 적용 시 17:00~01:30에 열린다. 눈에 띄는 종목으로는 ERP(전사적 자원관리 시스템)의 전 세계 1위이자 독일 내 시총 1위 기업인 SAP와 전 세계 자동차 생산 2위 기업 폭스바겐, 유럽 최대 엔지니어링 회사 지멘스, 글로벌 화학 기업 바스프, 산업용 기계 기업 보쉬 등이 있다.

프랑스

- 인구: 5,490만 명. 전 세계 48위(2023년 3월 기준)
- 화폐 단위: 유로
- GDP: 2조 9,374억 달러, 전 세계 7위
- 주식시장 거래시간(정규장. 한국시간 기준): 서머타임 적용 시 16:00~00:30, 서머타임 미 적용 시 17:00~01:30

세계 경제 규모 7위의 프랑스는 명품 패션과 미용 부분에서 전 세계 1위를 꾸준히 유지하고 있다. 루이뷔통, 샤넬, 에르메스, 까르티에, 디오르 등 명품 브랜드는 너무나도 많다. LVMH, 로레알, 케링 등의 세계적인 명품기업들은 프랑스 경제를 지탱하는 주역들이다.

보잉과 함께 전 세계 항공기 산업을 양분하고 있는 에어버스의 본사도 프랑스에 위치하고 있다. 에어버스를 앞세운 프랑스의 항공우주 산업은 전 세계 2위 규모를 자랑한다. 프랑스 대통령이 중국 등 타국 대통령과 정상회담을 할 때 주로 세일즈를 많이 하는 분야가 항공과 명품 분야다.

프랑스는 또한 유럽 국가들의 식량을 책임지고 있는 농업 강국으로 식량자급률은 자그마치 300%를 넘는다. 이는 세계 최고 수준이다. 특히 프랑스의 와인 산업은 세계적인 수준인데 프랑스의 와인 산지 면적은 전 세계 와인 산지 면적의 11%에 해당된다고 한다. 와인 산업에 직간접으로 일하는 사람은 50만 명에 이르며, 와인과 와인 증류주 수출 전 세계 1위 국가가 프랑스다. 프랑스는 이외에 원자력 에너지, 종합화학, 방위 산업, 자동차 분야에서 강점을 보이고 있다.

프랑스 주식시장의 정규 거래시간도 독일과 동일하다. 서머타임 적용 시 한국시간 기준 16:00~00:30, 서머타임 미 적용 시 17:00~01:30에 거래된다. 눈에 띄는 종목으로는 루이뷔통, 디오르, 겐조 등의 브랜드를 보유한 명품기업인 LVMH를 꼽을 수 있다. 유럽 내 시가총액 1위 기업이자 전 세계 10위의 기업이기도 하다. 보잉과 함께 전 세계 항공기 산업을 양분하고 있는 에어버스그룹, 고급 명품기업 에르메스 등이 눈에 띈다.

[유럽 관련 주요 펀드]

- 슈로더유로증권자투자신탁(주식-재간접)
- 피델리티유럽증권자투자신탁(주식-재간접형)
- KB스타유로인덱스증권자투자신탁(주식-파생형)

[유럽 관련 주요 ETF]

상장 지역	티커 또는 코드	Full name
미국	VGK	Vanguard FTSE Europe ETF
미국	FEZ	SPDR Euro STOXX 50 ETF
한국	195930	TIGER 유로스탁스50(합성 H)
한국	456250	KODEX 유럽명품TOP10 STOXX

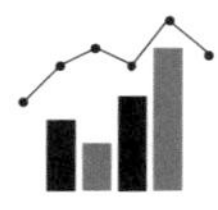

04 인도: 이제는 우리가 인구 1위!

- 인구: 14억 2862만 명. 전 세계 1위(2023년 3월 기준)
- 화폐 단위: 루피
- GDP: 3조 1,733억 달러, 전 세계 5위
- 주식시장 거래시간(한국시간 기준): 12:45~19:00

오랫동안 중국에 이어 인구대국 2위에 머물렀던 인도가 2023년에 중국을 넘어서 인구 1위에 올라섰다. 중국이 2022년부터 인구가 감소하기 시작한 반면 인도는 인구가 계속 증가하고 있기 때문이다. 2022년 말에 두 국가 간 인구 수는 역전이 됐고, 2023년 3월 기준 중국의 인구는 14억 2567만 명, 인도의 인구는 14억 2862만 명이다. 꾸준히 인구가 증가하고 있는 인도의 인구는 2020년대 후반에는 15억 명을 넘어선 뒤 2064년에는 17억 명까지 다다를 것으로 전망된다.

인구대국 1위가 갖는 상징적 의미는 크다. 풍부한 노동력을 바탕으로 생산기지로 자리잡을 수 있고, 또한 강한 내수의 힘으로 거대한 소비국가가 될 수 있다. 오랫동안 중국이 누려온 최대 제조강국과 소비대국의 지위를 인도가 특정 시기부터 가져갈 수도 있다는 이야기다.

더욱이 인도의 인구 구성을 보면 장밋빛 전망이 내려진다. 2023년 중국과 인도의 중위연령은 각각 38세, 28세인데 2050년이 되면 각각 50세, 37세가 돼서 두 나라 간 중위연령 격차가 현재보다 더 벌어질 것으로 전망된다. 중위연령이란 총인구를 연령순으로 나열할 때 가장 가운데에 있는 사람의 해당 연령을 말한다. 그만큼 인도는 현재도 젊고, 앞으로도 다른 나라들 대비 더 젊을 것이라는 예측이다. 참고로 2023년 45.6세인 한국의 중위연령은 2050년에는 57.9세로 껑충 뛸 것으로 전망된다.

인구 증가뿐만 아니라 인도의 경제성장률 속도도 눈에 띈다. 원자재 값 폭등과 물가·금리 인상으로 지구촌 대부분이 힘들어했던 2022년에 7%대의 경제성장을 이루면서 영국을 제치고 전 세계 GDP 순위 5위에 올라섰다. 1948년 영국에서 독립한 후 75년만에 식민종주국이었던 영국을 넘어선 것. IMF에서는 현재 추세라면 2025년에는 독일을 제치고 GDP 순위 4위에 올라선 뒤 2027년에는 일본을 제치고 전 세계 3위의 경제대국에 올라설 것이라고 전망하고 있다.

인도가 꾸준히 성장하는 데 있어 2014년 5월 취임한 나렌드라 모디 총리의 힘이 컸다. '모디노믹스'로 불리는 정책으로 정부의 개입을 최소화하면서 친기업 시장경제 위주로 경제정책을 추진하면서 경제발전의 속도를 내기 시작했다. 인도를 중국에 버금가는 제조업 허브로 만들기 위해 메이크 인 인디아(Make in India) 정책을 핵심 정책으로 키우면서 외국인 투자를 적극 유치했고, 현재 삼성전자·애플·샤오미 등이 인도에서 스마트폰 제조업 공장을 가동 중이다. 인도 정부는 2020년 글로벌기업의 공장 유치를 위해 66억 달러라는 파격적인 인센티브 정책을 펴기도 했다.

인도 성장의 밑바탕에는 미국과 중국 간 패권 경쟁의 반사 이익도 깔려 있다. 미국이 중국을 견제하기 위해 의도적으로 인도를 키우고 있고, 탈(脫)중국화로 인해 다국적기업들의 공장이 인도로 이전하고 있는 상황이다.

인도는 IT와 소프트웨어가 강하기로 유명하다. 또한 교육열이 높으며, 힌두어와 함께 영어를 공용어로 사용하고 있다. 이런 환경에서 여러 IT 전문가들이 탄생했으며 현재 미국의 대형 빅테크 기업들의 CEO에는 인도 출신들이 즐비하다. 마이크로소프트의 사티아 나델라, 구글의 순다 피차이, 어도비의 샨타누 나라옌, 마이크론 테크놀로지의 산자이 메흐로트라, IBM의 아르빈드 크리슈나 CEO 등이 인도 출신이다.

인도의 주식시장의 거래시간은 현지 기준으로 09시 15분부터 15시 30분까지다(국내 기준 12시 45분부터 19시까지). 인도 주식에 직접투자할 수 있는 국내 증권사는 아직 없으나 올해 내 일부 증권사를 통해 직접투자가 가능할 것으로 전해진다. 미국 주식시장에 상장된 인도 ADR(American Depositary Receipt, 미국 주식예탁증서)을 통해서도 달러로 투자 가능하다. 인도 기업들에 투자하는 보편적인 방법은 펀드와 ETF를 이용한 간접투자 방법이다.

[인도의 대표 기업들]

기업명	업종
릴라이언스 인더스트리	화학
TATA CONSULTANCY SERVICES	IT 서비스&컨설팅
HDFC BANK	은행
ITC	농업
STATE BANK OF INDIA	은행

'인도' 하면 가장 먼저 떠오르는 기업으로는 현재 인도 상장기업 중 시가총액 1위인 릴라이언스 인더스트리다. 1957년 설립된 이 기업은 정유, 석유화학 등을 중심으로 해서 인도 내 최대 에너지 사업을 영위하고 있으며, 유통, 통신업, 미디어 분야에서도 사업을 하고 있다. 이 회사의 무케시 암바니 회장은 아시아 최고 부자로도 유명하다.

타타 컨설턴시 서비스는 인도 최대 기업 중 하나인 타타그룹에서 가장 중요한 위치를 차지하고 있다. IT 서비스가 주요업이며, 통신업체와 금융 회사, 에너지 회사 등에 IT 서비스를 제공하고 있다. 1994년에 설립된 HDFC은행은 인도 최대 민영은행 중 하나로 소매 주택담보대출 사업과 신용카드 사업 등을 하고 있다. 인도의 다국적 IT 기업인 인포시스는 현재 영국의 니시 수낙 총리의 배우자의 아버지(나라야나 무르티)가 창업한 회사로 이름이 알려져 있다. 타타 컨설턴시 서비스에 이은 인도의 두 번째 IT 회사다.

[인도 관련 주요 펀드]

- 삼성인디아증권자투자신탁(주식)
- 미래에셋인도중소형포커스증권자투자신탁(주식)
- 미래에셋인디아디스커버리증권투자신탁(주식)
- 피델리티인디아증권자투자신탁(주식)

[인도 관련 주요 ETF]

상장 지역	티커 또는 코드	Full name
미국	INDA	iShares MSCI India ETF
미국	INDY	iShares India 50 ETF
한국	200250	KOSEF 인도Nifty50(합성)
한국	236350	TIGER 인도니프티50레버리지(합성)

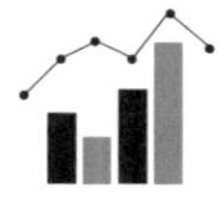

05 베트남: 리틀 차이나로 부상하는 잠재력 많은 나라

- 인구: 9,885만 명. 전 세계 16위(2023년 3월 기준)
- 화폐 단위: 베트남 동(VND)
- GDP: 3,626억 달러, 전 세계 40위
- 주식시장 거래시간(한국시간 기준): 11:00~13:30, 15:00~16:45

'리틀 차이나', '포스트 차이나'로 불리는 베트남은 인도와 마찬가지로 여러 해 전부터 심한 갈등 양상을 보이고 있는 미국과 중국 사이에서 중립노선을 선택했고, 미국의 애플 등이 제조업 공장을 베트남으로 옮기는 등 미-중 갈등의 반사이익을 얻고 있다. 탈(脫)중국 상황에서 베트남은 공급망을 다양화하려는 글로벌기업들에게는 좋은 대안이 되는 셈이다.

세계은행과 IMF에 따르면 대부분의 나라들이 힘들어했던 2022년에 베트남은 8%대의 경제성장을 이뤄냈다. IMF는 베트남이 2023년에도 7%의 고성장을 이뤄낼 것으로 예측했는데 이는 아시아 국가

중 가장 높은 수치다. 또한 IMF가 2022년 발간한 보고서에 따르면 베트남이 2023년부터 2027년까지 5년간 연평균 7%에 가까운 경제 성장을 이뤄낼 것이라고 예측했다. 그야말로 탄탄대로인 셈이다.

베트남 경제에 고속 엔진을 달게 된 계기는 외국인 직접투자(FDI)다. 2022년 베트남에 대한 외국인 직접투자는 전년 대비 15.2% 증가했다. 이 기간 동안 코카콜라(미국), 레고(덴마크), Trina Solar Wafer(싱가포르) 등의 기업들뿐만 아니라 중국의 부동산, 로봇부품 회사들도 2022년에 베트남 FDI를 진행했다. FDI 기업들의 수출 비율은 전체 수출 중에서 73.6%나 차지하고 있고, FDI 기업들의 고용 인력은 약 1,200만 명 이상에 이를 것으로 추산된다. 베트남 내 총 21개 산업 중에서 19개 산업이 FDI의 투자를 유치했을 정도이며, 2022년에 베트남에 가장 많이 투자한 국가 1, 2, 3위는 각각 싱가포르, 한국, 일본이다.

FDI 외에도 베트남을 이끄는 성장 동력 중 하나는 관광산업이다. 베트남 정부는 2023년 외국인 관광객 유치 목표를 전년도인 500만 명에서 300만 명 많은 800만 명으로 끌어올렸다. 정부는 이를 위해 항공라인을 증설하고 여행 프로그램을 촉진하는 등 관광대국으로 부활하기 위한 여러 관광 활성화 정책을 쓰고 있다.

베트남의 밝은 미래를 지탱하는 큰 요인 중 하나는 인구 구성이다. 1억 명에 이르는 전체 인구에서 15세부터 65세 사이 생산 가능

인구가 약 70%를 차지한다. 근면 성실하고, 15세부터 65세 사이의 문맹률이 2%도 안 될 정도로 노동력 수준은 높은 반면 임금 수준은 중국의 절반 정도에 불과한 것은 여전히 매력적인 요소다. 현재는 MSCI 프런티어마켓에 머물러 있는 베트남 증시가 2024년에는 MSCI 신흥국 지수에 편입할 것이라고 많은 전문가들은 내다봤는데 이는 베트남 증시에 호재로 작용할 것으로 보인다.

필자 개인적으로는 미국과 심한 대립을 보이고 있는데다 대만과의 전쟁 우려, 시진핑 주석의 1인 독재체제, 그리고 예측 불가한 중국 공산당의 정책 등을 고려했을 때 중국보다는 인도, 그리고 베트남의 비중을 더 높였으면 하는 의견이다.

베트남 주식의 직접투자는 2000년대부터 일부 증권사를 통해 가능했고, 현재는 여러 증권사를 통해 접근할 수 있다. 다만 베트남 기업들의 경우 정보가 많지 않은 데다 베트남 정치 경제 상황에 발 빠르게 대응하기가 쉽지 않기 때문에 가급적이면 펀드와 ETF와 같은 간접투자상품을 포트폴리오에 담을 것을 추천한다. 주식 투자를 한다 해도 베트남의 미래를 바라보고 단기 투자가 아닌 중장기 관점으로 접근하는 것이 바람직하다.

[베트남의 대표 기업들]

기업명	업종
빈그룹	부동산
비엣콤뱅크	금융
비엣텔그룹	통신
마산그룹	식품, 금융, 광업
BIDV은행	은행

빈그룹은 '베트남의 삼성'이라고 불릴 만큼 규모나 사업의 다양성 면에서 매머드급 회사다. 아파트·빌딩·놀이동산 등을 개발하는 부동산 개발을 주업으로 하면서 자동차, IT, 소매유통, 병원, 학교 등 다양한 분야에서 사업을 영위하고 있다. 특히 빈그룹은 2017년에 자동차 제조사인 빈패스트를 설립했고, 현재 전기차를 생산해 미국 시장에도 수출하고 있다.

'베트남의 농심'이라고 불리는 마산그룹은 2018년에 국민연금과 SK가 투자한 이후 국내투자자에게 친숙해진 기업이다. 조미료, 라면, 음료, 커피, 맥주 등이 주력제품인 마산그룹의 제품을 베트남 국민의 98%가 사용하고 있을 만큼 베트남 국민의 생활 깊숙이 파고들고 있다.

베트남 최대 국영은행인 비엣콤뱅크는 현재 베트남 상장주식 중 시가총액 1위 기업이다. 우리나라도 그랬고 중국도 그랬듯이 신흥국이 성장하는 과정에서는 은행도 같이 성장하기 마련인데 이런 측면에서 성장성 높은 베트남의 은행에의 투자가 유망해 보인다. 1957년에 설립된 BIDV은행은 현지 4대 상업은행 중 하나로 KEB하나은행이 지분 15%를 확보해 2대 주주가 되면서 유명해진 은행이다.

[베트남 관련 주요 펀드]

- 한국투자베트남그로스증권자투자신탁(주식)
- 유리베트남알파증권자투자신탁(주식)

[베트남 관련 주요 ETF]

상장 지역	티커(또는 코드)	Full name
미국	VNM	VanEck Vietnam ETF
한국	245710	ACE 베트남VN30(합성)

해외투자
이 책
한 권으로
끝
챗GPT 수혜주부터,
테슬라, 인디아 펀드,
고배당 ETF까지
%
¥
€
이정석의 해외 투자의 정석

CHAPTER

04

해외투자상품 투자 방법 ABC

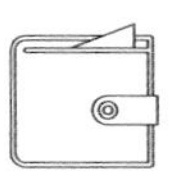

해외투자가 좋다는 말을 들어본 사람들은 많다. 그런데 계좌 개설부터 환전, 각기 다른 해외 주식시장 특징의 이해까지 준비하고 공부해야 할 사항들이 적지 않을 것 같아 왠지 어려울 것 같다는 심리적인 압박감으로 해외투자를 차일피일 미루는 사람들도 많다. 그러나 처음이 어렵지 첫 세팅만 해두면 너무 쉬운 것이 해외투자이다. 아니 세팅도 쉬운 편이다. 해외투자상품에 투자하기 위해서는 우선 해당상품 계좌를 개설하는 것부터 온 · 오프라인으로 쉽게 할 수 있다. 그에 앞서 주식 거래시간과 수수료, 거래비용, 환전 방법, 주문수량 단위 등을 각 나라별 상품별로 각각의 거래정보를 알아보고 계좌를 개설할 필요가 있다.

이 장에서는 투자하고자 하는 해외펀드, 해외 ETF, 해외 랩, 해외 ELS 등 이 책에서 다루는 해외투자상품들의 투자 방법에 대해서 지점 방문 후 계좌 개설 방법과 비대면 계좌 개설 방법 등을 해당 화면을 제시하며 친절히 설명해 두었다. 따라서 해외투자를 하고자 하는 국내투자자들은 이 장에서 구체적으로 제시하는 투자 방법의 ABC를 잘 익혀 해외투자에 대한 심리적인 장벽을 스스로 허문다면 이후의 해외투자는 보다 자신 있고 효과적으로 할 수 있을 것이다.

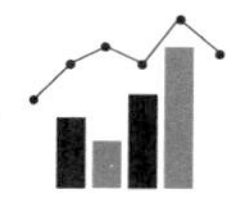

01 해외 주식: 해외투자 방법 중 가장 인기

해외투자 중에서는 단연 해외 주식의 인기가 가장 높다. 원하는 기업을 직접 고를 수 있는 데다 수익성 측면에서는 아무래도 직접투자상품인 주식이 간접투자상품인 펀드와 ETF보다는 높을 것이라는 기대감 때문이다.

다만 '해외'라는 단어 때문에 막연히 어려워하는 이들이 적지 않다. 계좌 개설은 어떻게 해야 하는지, 환전은 어떻게 해야 하는지 등등. 해외 주식 투자 방법을 알아보자.

해외 주식 거래시간과 수수료

해외 주식시장은 기본적으로 시스템도 다르고, 거래시간도 다양해서 투자 전에 해당 사항들을 숙지할 필요가 있다. 삼성증권 홈페이지에 게재돼 있는 각 국가 주식시장 기본사항들을 정리해 보았다.

미국

거래 가능 시간 (한국시간 기준)	서머타임 적용 시(3월 둘째주 일요일~11월 첫째주 일요일) –주간거래: 09:00~16:30 –프리마켓: 17:00~22:30 –정규장: 22:30~05:00 –애프터마켓: 05:00~07:30	서머타임 미 적용 시 –주간거래: 10:00~17:30 –프리마켓: 18:00~23:30 –정규장: 23:30~06:00 –애프터마켓: 06:00~07:30
주문 수수료	오프라인 0.5% + 기타 거래비용	온라인 0.25% + 기타 거래비용
기타 거래비용	미국 증권거래위원회 수수료: 매도 금액의 0.0008%(매도 시에만 적용)	
결제일	주문일 후 3영업일째(T+3일)	
매도대금 출금/ 환전 가능일	T+3일 오전 7시 30분 이후	
주문 수량 단위	1주	
가격 제한 폭	없음	

미국 주식시장의 정규장은 우리나라 시간으로 저녁 11시 30분, 서머타임 적용 시에는 1시간 앞당겨져 10시 30분에 개장한다. 큰 시차로 인해 거래가 활발할 수 없는 구조이지만 최근에는 주간거래를 통해 낮에도 미국 주식 매매가 가능해졌다.(자세한 내용은 7장 6절의 주간거래편 참조) 거래비용은 온라인 0.25%, 오프라인 0.5%로 무료이거나 0.1~0.5% 수준인 국내 주식 거래비용보다는 비싼 편이다. 미국 증시는 1일 상한가 30%, 1일 하한가 30%의 가격 제한 폭이 있는 국내 증시와는 달리 1일 가격 제한 폭이 없다는 것이 특징이다.

중국

거래시간 (한국시간 기준)	[거래소 거래시간] –개장 동시호가 10:15~10:25 –오전장 10:30~12:30 –오후장 14:00~15.56 –마감 동시호가 15:57~16:00	[주문 가능 시간] –개장 동시호가, 오전장 10:10~12:30 –오후장, 마감 동시호가 13:55~16:00
주문 수수료	온라인 0.3%	오프라인 0.7%
기타 거래비용	–인지세:(매도 시 적용) 거래당 0.1% –취급수수료: 거래당 0.00487% –주식보관료: 거래당 0.002% –송금수수료: 거래당 0.003%	
결제일	주문일(T일)	
출금/환전 가능일	주문일 후 1영업일째(T+1일) 7시 30분 이후	
주문 수량 단위	매수 시 100주 단위, 매도 시 단주매매 가능	
가격 제한 폭	±10%	

중국 증시는 브레이크 타임이 없는 국내 증시와는 달리 오전장과 오후장 사이에 1시간 30분 정도의 브레이크 타임이 존재한다는 것이 큰 특징이다. 국내 직장인들이 점심 식사 후 중국 주식 거래를 하려다가 브레이크 타임에 걸려 못하는 경우가 종종 발생하기도 했다. 또한 매수 시에는 100주 단위로 해야 해서 매수를 위한 자금 마련 계획도 잘 세워야 한다.

베트남

거래시간 (한국시간 기준)	[현지 개장 시간] –오전장 11:00~13:30 –오후장 15:00~16:45	[주문 가능 시간] –동시호가 11:00~11:15 –오전장 11:00~13:30 –오후장 15:00~16:45 –동시호가 16:30~16:45
주문 수수료	온라인 –0.4%(최소 수수료 40만 베트남 동) + 기타 거래비용	오프라인 –0.5%(최소 수수료 40만 베트남 동(VND)) + 기타 거래비용
기타 거래비용	매도 시 매도세(Sales Tax) 0.1%	
결제일	주문일 후 3영업일째(T+3일)	
매도대금 출금/ 환전 가능일	T+3일 7시 30분 이후	
주문 수량 단위	100주	
가격 제한 폭	호치민 ± 7%, 하노이: ± 10%	

베트남 증시도 오전장과 오후장 사이에 브레이크 타임이 있고, 100주 단위로 매매를 해야 한다는 것이 특징이다. 다만 가격 제한 폭은 매우 낮은 편이다.

해외 주식 계좌 개설 방법

해외 주식에 투자하기 위해서는 증권사의 주식 계좌를 개설해야 한다. 이미 주식 계좌를 보유한 투자자들도 많겠지만 해외 주식에 처음 입문하는 투자자를 위해 계좌 개설 방법에 대해 설명하려고 한다. 계좌 개설은 i) 지점 방문, ii) 비대면 개설 두 가지 방법이 있는데 최근에는 주로 비대면으로 계좌를 개설하는 경향이 많다. 비대면이 간소한 데다 지점 방문 시 법 개정으로 계좌 개설하는데 약 30분 정도가 소요되기 때문이다.

지점 방문 후 계좌 개설

증권사 지점에 방문해 계좌 개설을 할 경우 다음의 서류들이 필요하다.

- 주민등록증, 운전면허증

비대면 계좌 개설

비대면으로 계좌 개설을 하기 위해서는 다음의 서류가 필요하다.

- 주민등록증, 운전면허증

미성년 자녀 계좌 개설은 2022년까지는 대부분 지점에 방문해야만 가능했으나 2023년부터 여러 증권사를 통해 비대면 계좌 개설이 가능해졌다. 증권사 방문 시 다음과 같은 서류가 필요한데 이는 모든 증권사 공통 내용은 아니니 개설 전 확인이 필요하며, 비대면 개설 시에도 필요 서류에 대한 확인 절차를 밟는 것이 좋다.

[필요 서류]

- 부모 중 1명(지점 방문자) 신분증, 가족관계증명서, 기본증명서(자녀 기준), 자녀 도장
- 여기에 주민등록초본을 요청하는 증권사도 있다.

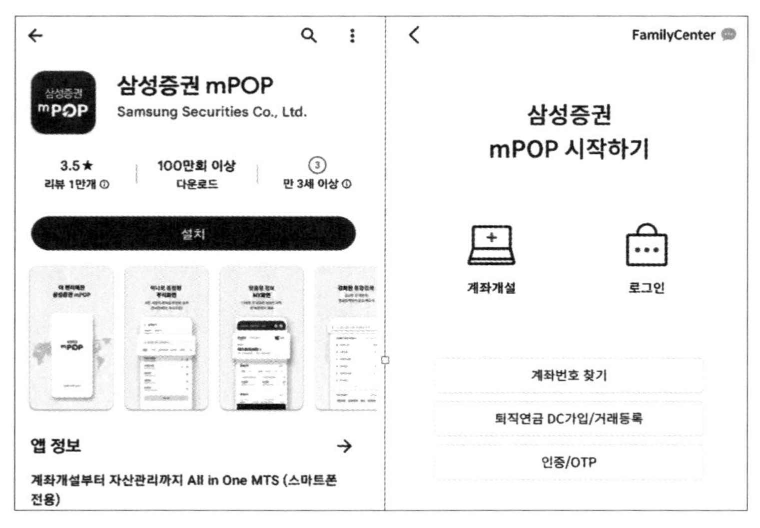

[비대면 주식 계좌 초기 화면]

삼성증권을 기준으로 비대면으로 주식 계좌를 개설하는 과정을 설명한다.

구글 플레이스토어(애플은 앱스토어)에서 삼성증권 mpop 검색 후 앱 설치

〉 계좌 개설 선택

〉 개인정보 입력하고 휴대폰 번호 입력하고 인증

〉계좌 개설을 위해 주민등록증 또는 운전면허증 준비

〉계좌 개설을 위한 동의

〉온라인 체결 통보 등 여러 통보 · 수령 방법 선택

〉여러 종류의 계좌들 중에서 주식, ETF, 펀드 투자만 희망할 경우 스크롤을 내려서 종합 선택

〉ID, 비밀번호 등록

〉금융거래목적 선택

〉투자자정보 확인서

〉투자 성향 입력(본인의 투자 성향과 관련된 부분으로 계좌 개설 과정에서 매우 중요한 부분)

〉본인 명의의 타 금융기관 계좌 인증

〉계좌 개설 완료

해외 주식 매매를 하려면 해외 주식 거래이용 신청을 해야 한다. 삼성증권 앱에서 거래이용 신청하는 경로는 다음과 같다.

삼성증권 앱 로그인

〉메뉴

〉주식/투자정보

〉해외 주식

〉해외 주식 거래이용 신청

환전 방법

해외 주식과 해외 상장 ETF에 투자하기 위해서는 해당 통화로 환전해야 한다. 다만 최근에는 통합증거금서비스가 생겨 환전을 하지 않아도 해당 국가의 주식을 매수할 수 있다. 삼성증권 앱에서의 환전 방법은 다음과 같다.

삼성증권 앱 로그인
〉메뉴
〉주식/투자정보
〉해외 주식
〉환전
〉계좌 선택 후 계좌 비밀번호 입력
〉매도 통화 선택
〉매수 통화 선택
〉매도금액 입력
〉환율재조회 클릭
〉환전

해외 주식 투자 방법

다음의 경로로 먼저 이동한다. 해외 주식과 해외 상장 ETF를 매수하는 방법은 국내 주식과 국내 ETF에 투자하는 방법과 거의 유사하다.

삼성증권 앱 로그인

〉 메뉴

〉 주식/투자정보

〉 해외 주식

〉 해외 주식 주문

〉 계좌 선택 후 비밀번호 입력

〉 검색창에 종목명(또는 티커) 입력

〉 희망 단가, 수량 입력

〉 매수

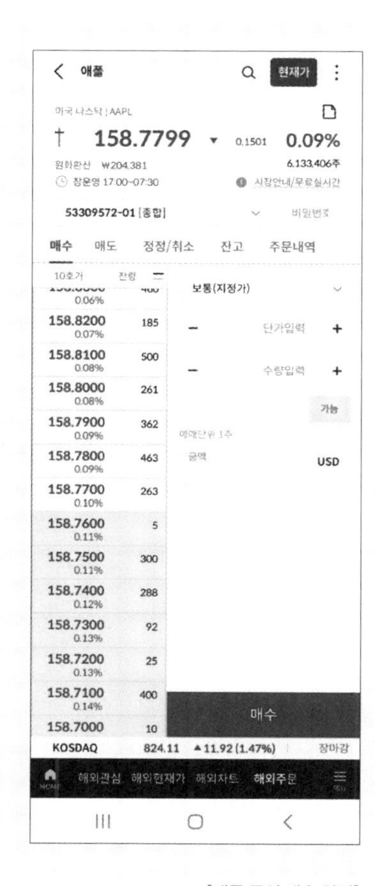

[애플 주식 매수 화면]

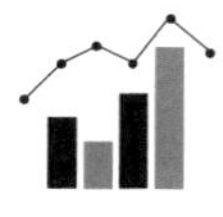

02 해외펀드: 목돈 마련에 최적인 해외금융상품

결혼자금 마련, 전세자금 마련, 자녀교육자금 마련 등 적립식 투자를 위해 많이 가입하는 적립식펀드 중에 해외펀드의 인기가 높다. 2000년대에는 차이나펀드가, 최근 10년 내에는 미국 관련 펀드와 IT, 전기차 관련 펀드의 인기가 높았다. 목돈 마련을 위해 또는 목돈 증식을 위해 해외펀드에 어떻게 투자하면 될지 알아보자.

기나 긴 펀드 이름의 정체는?

'국민 재테크 상품'으로 불리는 펀드 이름을 보면 너무 길어서 판독하기 어려울 정도다. 그러나 하나씩 해부해보면 작명의 원리를 쉽게 파악할 수 있다. 펀드나 ETF나 이름이 길고, 긴 이름에는 그만의 이유가 있는데도 이름의 구성과 기원을 모르고 '묻지마 투자' 하는 경우도 많기 때문에 이번 기회에 이름의 구성과 기원을 꼭 알아둘 필요가 있다.

국내에서 판매되는 펀드 중 대표적인 펀드인 '피델리티글로벌테크놀로지증권자투자신탁(주식-재간접형)H-A'를 예로 들겠다.

펀드명의 제일 앞 부분은 이 펀드를 운용하는 자산운용사를 의미한다. 자산운용사에서 펀드를 만든 후 이 펀드를 증권사나 은행 등에서 판매하는 구조다. 이 펀드의 경우 미국계 자산운용사인 피델리티자산운용에서 펀드를 운용한다. 운용사 뒤에는 펀드에서 가장 중요한 부분인 투자 대상이 따라 붙는다. 글로벌테크놀로지라고 돼 있는데 이 펀드는 애플, 마이크로소프트, 알파벳, 삼성전자, SAP 등 전 세계 테크놀로지 기업들에 투자한다.

'주식'이라고 기술돼 있는 부분은 그 투자 대상들의 주식에 투자하는지 또는 채권에 투자하는지를 나타낸다. 이 펀드는 글로벌테크놀로지 기업들의 주식에 대부분 투자하는 펀드다. 만약 '채권'으로 돼 있다면 채권형펀드를 의미하며 대부분 채권에 투자한다. '주혼'으로 돼 있다면 주식혼합형펀드의 약자로 주식 비중은 약 50~70%, '혼합'은 혼합형펀드의 약자로 주식 비중이 50% 안팎, '채혼'은 채권

혼합형펀드의 약자로 주식 비중이 약 30~50%인 반면 채권 비중이 약 50~70%인 펀드를 지칭한다. 이 표현으로 해당 펀드의 위험도를 예측할 수 있다. 주식형펀드이면 고위험 이상의 위험도를 지니고 있고, 채권형펀드이면 저위험 또는 중위험 이하의 위험도를 지니고 있다고 보면 된다.

'재간접형'이란 펀드매니저가 투자자들의 투자금을 다른 펀드에 재투자하는 유형을 말한다. 보통은 펀드매니저가 투자금으로 직접 주식과 채권을 매매하면서 운용하지만 해외펀드의 경우 이렇게 간접투자상품인 펀드에 '재투자'하는 형태도 적지 않고, 이런 투자 형태를 재간접형이라고 부른다.

'H'는 환헤지(Hedge)를 하겠다는 환헤지형으로. 이 부분은 해외펀드에서는 무척 중요한 부분이다. H형은 원–달러 환율 변화에 영향을 거의 받지 않는 형태이고, UH(Un Hedge)는 환노출형으로 환율 변화에 영향을 받는 형태다. 2022년의 경우 주가 하락을 환율 상승이 어느 정도 막아주었기 때문에 UH형이 H형보다는 손실률이 더 적었다. 하지만 주가 등락 외에 환율 요소까지 고려하면 너무 복잡하기 때문에 보통은 H형을 가입하는 상황이다. H형의 환헷지율은 약 80% 수준으로 100% 환헷지 되는 것은 아니다.

마지막 'A'는 수수료, 또는 계좌 형태를 의미한다. 각 약자마다 의미하는 바는 다음과 같다.

- A형: 선취수수료 부과, 연간 총보수 부과
- C형: 선취수수료 없음, 연간 총보수 부과
- E형: 인터넷 통해 가입 가능한 온라인펀드
- S형: 선취수수료와 연간 총보수가 저렴한 펀드슈퍼마켓에서 출시되는 클래스
- P형: 연금펀드, IRP에서 투자 가능한 펀드(Pension의 약자)

해외펀드 투자 방법

다음의 경로대로 원하는 펀드를 매수하면 된다.

삼성증권 앱 로그인
〉메뉴
〉금융상품/자산관리
〉펀드
〉펀드 투자 시작하기
〉투자 희망하는 펀드 검색
〉펀드 정보 확인 후 펀드 매수
〉투자자금 성향 파악
〉계좌 선택
〉매수금액 입력
〉저축기간 설정
〉즉시매수
〉매수 완료

[펀드 화면]

이는 거치식(임의식) 투자 방법이며 매월 일정금액을 불입하는 적립식 투자를 하고 싶다고 하면 즉시매수가 아닌 자동이체 신청을 선택한 후 매월 적립금액, 출금계좌, 자동이체 기간 등을 입력하면 된다.

펀드신규매수
매월 적립금액을 입력해주세요
10,000원 이상 입력
출금계좌
자주사용하는계좌
국민
계좌번호 '-' 없이 입력
보유펀드 매도 후 매수
자동이체 기간
2023-04 ~ 2024-03
25일
휴일 다음날 이체
휴일 전날 이체
잔액 부족 시 다시 이체(+3, +5 영업일)
[펀드 적립식 매수 화면]

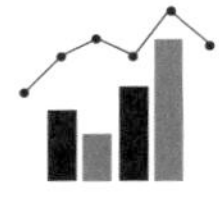

03 해외 ETF: 보석과도 같은 투자 대상

펀드와 함께 간접투자상품의 대명사가 된 ETF도 긴 이름을 어려워하거나 투자 방법을 몰라 투자를 망설이는 경우들이 있다. ETF의 이름 구성은 펀드보다는 간단하고, 투자 방법은 주식만큼 간소하다. ETF 이름의 구성과 투자 방법 등을 알아보자

ETF 이름의 정체는?

ETF도 펀드만큼 이름이 길다. 하지만 펀드보다는 구성이 간편한 편이다. 대표적인 친환경 ETF인 ICLN ETF의 full name을 해부해 보자.

ETF도 펀드처럼 앞머리는 이 ETF를 운용하는 자산운용사가 나온다. 다만 펀드에는 자산운용사 이름이 바로 적히지만 ETF에는 자산운용사 이름이나 자산운용사의 ETF 브랜드가 적힌다. 'iShares'는 전 세계에서 가장 큰 자산운용사인 블랙록의 ETF 브랜드명이다. 그리고 Global Clean Energy에서 보듯이 전 세계 친환경 에너지 관련 기업들이 이 ETF의 주요 투자 대상이다.

국내투자자들이 많이 투자하는 ETF인 SOXL ETF의 full name도 해부해보자.

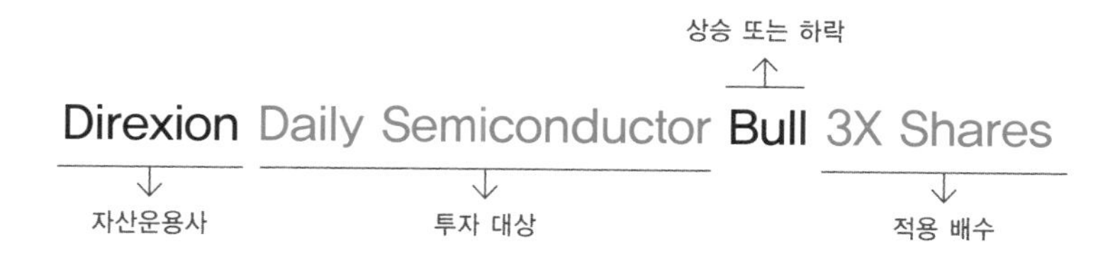

이 ETF는 펀드만큼이나 구성이 복잡하다. 이 ETF는 앞머리에 자산운용사 이름이 바로 나온다. Direxion이라는 자산운용사의 ETF 브랜드명도 Direxion이다. 투자 대상은 Daily Semiconductor으로 미국에 상장된 30개 반도체 기업들에 투자한다. Bull은 주식시장에서는 상승을 의미해서 상승장은 bull market이라고 부른다. 반대로 주식시장에서 하락은 Bear를 의미하고 하락장은

bear market이라고 칭한다. Bull(황소)이 싸움을 할 때는 뿔을 밑에서 위로 치받으면서 공격을 하는데 이는 마치 주가가 밑에서 위로 올라가는 강세장을 연상시킨다고 해서 Bull은 주식시장에서 상승의 의미다. 반면 곰은 싸움을 할 때 앞발을 위에서 아래로 내리치는데 이는 마치 주가가 위에서 밑으로 내려오는 약세장을 의미한다고 해서 bear는 주식시장에서 하락의 의미다.

마지막으로 3X Shares는 30개 반도체 기업들의 가중 지수의 1일 상승치에 3배수로 움직이겠다는 것이다. 즉, 가중 지수가 하루에 10% 상승하면 최대 30% 수익을 낼 수 있는 반면 10% 하락하면 최대 30%의 손실이 날 수 있다는 의미다.

주요 글로벌 ETF 운용사의 ETF 브랜드명은 다음과 같다.

ETF 운용사	ETF 브랜드명
블랙록(BlackRock)	iShares
뱅가드(Vanguard)	Vanguard
스테이트스트리트글로벌어드바이저 (State Street Global Advisor)	SPDR
인베스코(Invesco)	Invesco
찰스슈왑(Charles Schwab)	Schwab

그렇다면 국내에 상장된 ETF 이름의 구성은 어떨까?

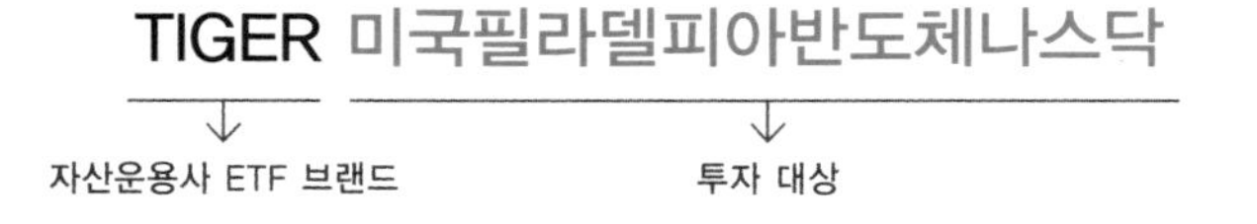

국내에서 상장된 ETF에는 앞머리에 모두 자산운용사의 ETF 브랜드명이 자리한다. TIGER는 미래에셋자산운용의 ETF 브랜드명이다. 그 다음은 투자 대상으로 이 ETF는 필라델피아 반도체 지수를 기초지수로 해서 미국에 상장된 반도체 기업들에 주로 투자한다.

국내에서 상장된 ETF에도 '레버리지'라는 단어가 붙는데 기초지수의 1일 변동 폭의 2배 내외로 움직인다는 의미다. 기초지수가 하루에 10% 오르면 20% 내외의 수익이 날 수 있고, 반대로 기초지수가 하루에 10% 하락하면 20% 내외의 손실이 날 수 있는 형태의 ETF다. 국내 ETF 운용사의 ETF 브랜드명은 다음과 같다.

자산운용사	ETF 브랜드명
삼성자산운용	KODEX
미래에셋자산운용	TIGER
KB자산운용	KBSTAR
한국투자신탁운용	ACE
NH-아문디자산운용	HANARO
한화자산운용	ARIRANG
신한자산운용	SOL
키움투자자산운용	KOSEF

국내에 상장된 해외 ETF 중에 '합성'이라는 단어가 들어가는 상품들이 많다. 예를 들어 KODEX 미국S&P바이오(합성), TIGER 차

이나CSI300 레버리지(합성) 등이다. 합성 ETF는 운용사가 주식·채권·원자재 등의 실물을 편입하는 대신 증권사에 운용을 맡기고 해당 수익률을 받는 형태를 말한다. 해외투자 시 비용, 시차, 복잡한 구조로 인해 이런 합성형 ETF를 활용하는 경우가 많은데 합성형 ETF는 기초지수를 보다 정확하게 추종할 수 있다는 장점이 있다. KODEX 미국S&P바이오(합성) ETF의 경우 기초지수인 S&P Biotechnology Select Industry Index를 비교적 정확하게 추종하는 편이다.

ETF 투자 방법

해외 상장 ETF도 해외 주식 매매할 때와 같은 방법으로 매매하면 된다. 해외 상장 ETF는 해외 주식처럼 해외에 상장돼 있기 때문에 원칙적으로는 해당 통화로 환전을 해야 한다. 국내 상장 해외 ETF도 국내 주식이나 국내 상장 국내 ETF를 매매할 때와 같은 방법으로 매매하면 된다. 국내 상장 해외 ETF는 국내에 상장돼 있기 때문에 환전이 필요없다.

[해외 상장 ETF 매수 방법]

삼성증권 앱 로그인

〉 메뉴

〉 주식/투자정보

〉 해외 주식

〉 해외 주식 주문

〉 계좌 선택 후 비밀번호 입력

〉 검색창에 ETF명(또는 티커) 입력

〉 희망 단가, 수량 입력

〉 매수

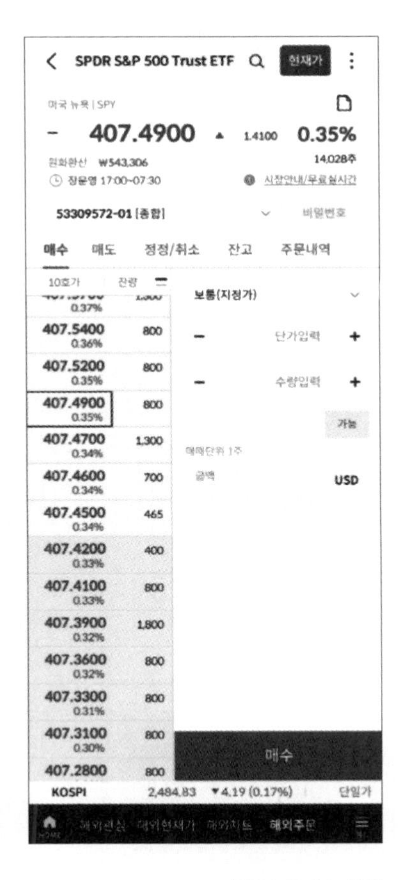

[SPY ETF 매수 화면]

[국내 상장 ETF 매수 방법]

삼성증권 앱 로그인

〉 메뉴

〉 주식/투자정보

〉 국내 주식

〉 주식 주문

〉 계좌 선택 후 비밀번호 입력

〉 검색창에 ETF명(또는 코드) 입력

〉 희망 단가, 수량 입력

〉 매수

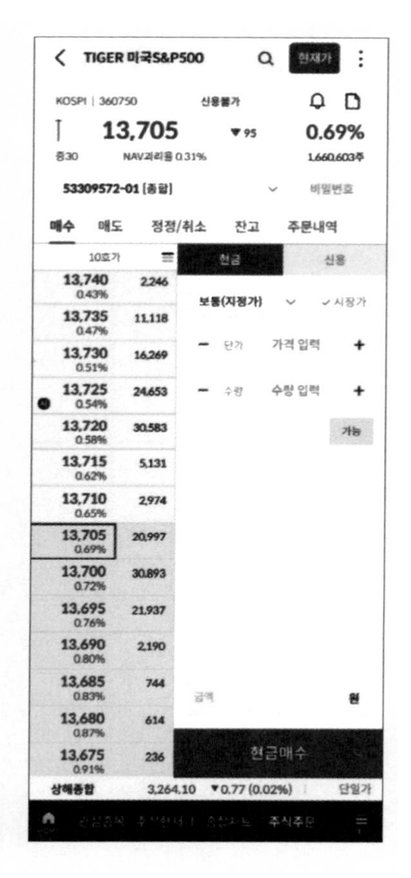

[TIGER 미국S&P500 ETF 매수 화면]

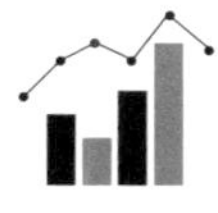

04 해외 랩: 잘 찾으면 흙 속의 진주

랩(WRAP) 상품은 보통 30개 이상의 기업에 투자하는 펀드와는 달리 소수의 종목에 집중할 수 있다는 장점이 있다. 또한 기존의 펀드와 ETF에서 투자하지 않는 분야를 파고들어 상품화하는 경우도 종종 있다. 아무래도 간접투자상품 쪽에서는 펀드와 ETF가 강자로 자리매김하고 있기 때문에 랩 운용부에서는 차별화된 전략이 필요하다.

틈새 테마로 소수의 종목에 집중투자했던 대표적인 상품이 2020년 전 모 증권사에서 출시했던 '글로벌 1% 대표 기업 랩'이다. 가령 '글로벌 1% 플랫폼 랩'이라고 하면 한국, 미국, 중국을 대표하는 플랫폼 회사인 카카오, 알파벳, 알리바바 등 3개 종목에만 투자하는 식이다. 당시 팬데믹 이후 플랫폼 주식의 주가 탄력성이 워낙 뛰어나서 이 상품이 출시됐고, 출시 후 1년간 이 상품은 수익률 고공행진을 이어갔다. 이외에도 '글로벌 1% IT 랩', '글로벌 1% 헬스케어 랩' 등 소수의 대표 종목에만 투자하는 랩 상품이 시리즈 식으로 출시됐었다.

랩 상품 중에는 월 지급 상품도 많다. 리츠 종목에 투자해서 각 리츠에서 나오는 배당을 매월 지급받는다든가, 전 세계 고배당주·채권·리츠 등 배당과 이자 수입이 꾸준히 발생되는 상품들에 투자해 매월 배당을 지급받는 상품도 있다.

이렇듯 랩에는 펀드와 ETF가 실현하지 못하는 소수 집중화, 틈새를 파고드는 차별화 전략으로 투자자들에게 어필하고 있으니 이런 차별화된 투자를 희망한다면 자신이 주로 거래하는 증권사 직원에게 문의해보자.

다만 1천만 원, 3천만 원 식의 최소투자금액이 있는 랩 상품들이 많고, 운용역이 직접 운용하면서 시장 이상의 수익률을 내려는 노력을 하다 보니 수수료가 펀드와 ETF보다는 높은 편이다.

[해외 랩 상품 투자 방법]

삼성증권 앱 로그인
〉메뉴
〉금융상품/자산관리
〉랩어카운트
〉랩 찾기/영상통화 신청
〉가입(영상통화 신청)
〉신청 계좌 선택
〉투자 주요내용 확인
〉영상통화 열기 희망시간 선택
〉영상통화 신청 완료

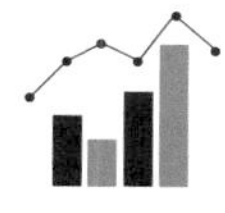

05 해외 ELS: 기초자산 선별이 중요한 상품

해외 ELS라고 따로 상품을 분류하지는 않는다. 여기서는 기초자산을 해외 지수나 해외 주식으로 삼는 ELS를 편의상 해외 ELS라고 표현하겠다. ELS는 발행회사마다 차이는 있으나 매주 10개 안팎의 신규 상품이 출시된다. 청약기간은 대략 1주일 정도이며, 최소 청약금액은 보통 100만 원이다.

ELS의 기초자산으로 주로 활용되는 해외 지수로는 전 세계 증시의 벤치마크 지수격인 S&P500, 유럽의 대표 기업들로 구성된 Eurostoxx50, 일본의 Nikkei225, 홍콩의 HSCEI(홍콩 H지수) 등이다. 개별종목도 ELS의 기초자산으로 많이 활용되는데 전 세계 시가총액 1위인 애플을 비롯해 전 세계 반도체 시가총액 1위 엔비디아, 전 세계 스포츠의류 1위 기업 나이키, 대표적인 전기차 기업 테슬라 등이다.

상품명 ▾	상품유형 ▾	기초자산	평가가격(원) ▾	발행일 ▾	상환여부	
			최초기준가	만기일 ▾	특정조건 충족시 수익률	조건 미충족시 최대 손실률
ELS 제28825회 3년/6개월,35%-(85,85,80,80,75,75)%,세전 연 16.2% 초고위험 ₩ 원금비보장	스텝다운	NVIDIA META	9,950	2023-04-21	미상환	
			271.04 213.07	2026-04-20	세전 연 16.2%	-100.00%
ELS 제28826회 3년/6개월,50%-(95,90,90,90,85,75)%,세전 연 7.2% 고위험 ₩ 원금비보장	스텝다운	Nikkei225 S&P500 EUROSTOXX50	9,863	2023-04-21	- 미상환	
			28,657.57 4,129.79 4,384.86	2026-04-20	세전 연 7.2%	-100.00%
ELS 제28827회 3년/6개월,45%-(90,80,80,80,80,75)%,세전 연 7.7% 고위험 ₩ 원금비보장	스텝다운	HSCEI S&P500 EUROSTOXX50	9,838	2023-04-21	미상환	
			6,895.29 4,129.79 4,384.86	2026-04-20	세전 연 7.7%	-100.00%

[ELS 상품 화면 예시. 출처: 삼성증권]

[해외 ELS 상품 투자 방법]

삼성증권 앱 로그인

〉메뉴

〉금융상품/자산관리

〉ELS/DLS

〉ELS/DLS 청약

〉상품 선택하고 조건 살펴본 후 ELS/DLS 청약

CHAPTER

05

좋은 해외 금융상품 판별방법

좋은 투자상품을 고르는 기준은 너무나 다양하다. 수익률이 좋았던 상품, 향후 유망한 분야에 투자하는 상품, 안정적인 수익을 낼 것 같은 상품, 수수료가 싼 상품 등 각자 선호하는 바가 다르기 때문에 다소 주관적인 부분이 많이 개입된다.

물론 가장 좋은 투자상품은 앞으로 좋은 수익을 낼 것 같은 상품인데 신(神)이 아닌 이상 그걸 알 수는 없다. 좋은 수익을 낼 것 같은 상품을 찾기 위해 그리고 정보를 얻기 위해 방송과 유튜브, 강의, 온라인 카페, 블로그, 책 등 여러 매체를 통해서 꾸준히 공부를 하곤 한다.

해외로 눈길을 돌리면 좋은 상품들이 너무나도 많다. 필자의 기준에 맞춰 좋은 금융상품 고르는 기준을 정리해봤다. 그리고 이런 기준에 맞는 구체적인 주식명과 펀드, ETF 등은 '9장 세대별 해외투자 전략 및 포트폴리오'에서 소개한다.

해외여행을 가려면 여권도 준비해야 하고, 해당국의 문화와 여행지에 대한 공부도 해야 한다. 조금 번거롭긴 하지만 새로운 것을 접한다는 것에 대한 설렘으로 여행 가기 전 하루하루가 즐겁다. 이런 설렘을 해외투자에도 대입해보자. 괜찮은 수익이 나올 것이라는 기대감으로 준비해보면 어려울 것 하나도 없다.

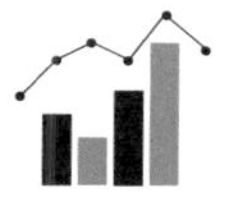

01 추천 해외 주식

향후 성장성이 높은 분야에 속하거나 성장성이 높은 기업

투자에 있어서 성장성은 수익률을 가늠하는 주요 요소다. 이미 기울어져 가는 산업에 투자하면 좋은 수익을 내기 어렵다. 향후 유망하다고 하면 수요도 점차 커질 것이며, 정부 정책의 지원을 받을 공산이 크다. 따라서 투자자는 장래 큰 먹거리가 될만한 분야, 각 국 정책의 뒷받침을 받을 분야를 찾아 해당 분야의 대장주(한 분야에서 시가총액 1등 주식)나 관련 펀드·ETF에 투자해보면 좋을 것 같다. 그런데 향후 유망하고 성장성이 높다고 해서 포트폴리오를 이런 분야로 도배하지는 말자. 투자 성향별로 고른 자산배분이 필요하며, 자신의 포트폴리오에서 성장성 높은 분야는 30~70% 범위 내에서 결정해 보자. 필자의 기준으로 성장성 높은 분야로 다음 분야들을 꼽아 보았다.

- AI(인공지능): 챗GPT, 바드 등 AI 경쟁은 이제 시작. 향후 테크 기업들의 AI 개발은 줄을 이을 것으로 전망
- 로봇: 기업의 인건비 절감을 위한 노력의 일환으로 활용도 증가할 전망. 생활 현장에도 많이 보급되고 있는 상황
- 친환경: 점점 더워져 가고 있는 지구를 살리기 위한 인류의 노력은 계속될 전망
- 전기차·2차전지: 친환경의 대표 분야이며, 미래에 지구촌의 도로를 지배할 전망
- 니켈·리튬 및 희토류: 2차전지와 첨단산업 등 미래의 큰 먹거리가 되는 산업에 필수적인 원자재들. 특히 자원 민족주의가 심화되는 상황에서 니켈, 리튬과 희토류의 가격은 꾸준히 상승할 것으로 예상

업종별 글로벌 1~2위 기업

주식 투자할 때의 기본은 가급적이면 대장주에 투자하라는 것. 유망한 중소형주도 많지만 이들은 주가 하락기에 상대적으로 하락 폭이 클 뿐 아니라 거래 정지, 상장 폐지의 위험도 대장주보다는 높기 때문에 이런 주식에 투자하려면 신중을 기해야 한다. 투자라는 것은 늘 보수적인 도화지 위에 부분적으로 공격적인 색채를 띄우는 것이 좋다. 대장주가 정책의 수혜를 가장 많이 볼 가능성이 높으며, 태풍에도 크게 휘청거릴 가능성도 적다. 그래서 업종별 1~2위 기업을 꼽으라는 것이다.

그리고 이런 업종별 1~2위가 글로벌 1~2위면 더 좋다. 1~2위 기업은 고객 충성도도 높을 뿐만 아니라 가격 결정력을 갖고 있어 원자

재 가격 등 비용이 오르는 상황에서는 가격을 올려 비용 상승의 부담을 소비자에게 전가할 수 있기 때문이다. 대표적인 예로 2022년 자동차 가격을 5회나 올렸던 테슬라를 들 수 있다. 당시 테슬라 측은 "원자재 가격 상승으로 생산 비용이 올라 불가피하게 차량 가격을 올렸다."면서 지속적인 자동차 가격 인상의 이유를 설명했다. 글로벌 전기차 1위 테슬라는 팬덤이 워낙 두텁기 때문에 지속적인 가격 인상에도 당시 구매 대기에만 1년이 걸렸을 정도라고 한다.

또한 전 세계 파운드리(반도체 위탁생산) 1위 기업인 대만의 TSMC는 2021년 파운드리 가격을 20% 인상한 데 이어 2022년에도 원재료 값 상승으로 10% 안팎으로 파운드리 가격을 올렸다. 그럼에도 전 세계 파운드리 점유율 50%가 넘는 압도적인 점유율의 이 회사로부터 반도체를 받기 위해 애플 등 유수의 기업들이 대기하고 있기 때문에 이 회사는 고객사 눈치를 안 보고 가격을 올릴 수 있었다. 테슬라와 TSMC 등은 높은 가격 결정력을 가지면서 원자재 가격 인상을 소비자 가격 인상으로 해결할 수 있는 대표적인 기업들이다.

따라서 해외투자 시 가급적이면 글로벌 시가총액 50위 내 기업, 업종별 1~2위 기업, 그리고 가격 결정력을 갖고 있는 기업들에 투자할 것을 권장한다.

매출·이익이 꾸준히 상승하는 기업

주식 투자할 때는 재무제표는 꼭 살펴봐야 하며, 재무제표를 구성하는 손익계산서에서 매출, 영업이익, 순이익은 꼼꼼하게 들여다봐야 한다. HTS(홈 트레이딩 시스템)과 MTS(모바일 트레이딩 시스템)를 통해 보통은 최근 5년간 또는 최근 5분기간 매출과 영업이익, 순이익 추이를 살펴볼 수 있다. 당해(또는 지난해) 매출과 이익이 4년 전보다는 늘어난 기업, 당 분기(또는 전 분기) 매출과 이익이 4분기 전보다는 늘어난 기업을 당연히 선택하자. 또한 최근 5년간 연도별 매출과 이익이 전 연도 대비 늘어난 해의 수가 절반 이상인 기업, 최근 5분기간 분기별 매출과 이익이 전 분기 대비 늘어난 분기의 수가 절반 이상인 기업을 포트폴리오에 담아보자.

대표적인 기업들로 애플·마이크로소프트·알파벳·엔비디아 등의 빅테크 기업들, 존슨앤존슨·화이자 등의 제약회사, 비자·코카콜라 등의 소비재 기업, 코스트코 홀세일과 같은 유통 기업 등을 예로 들 수 있겠다

CEO 역량과 마인드가 좋고 주주친화적인 기업

CEO의 역량과 행동·마인드는 기업의 성패와 주가에 큰 영향을 미친다. 테슬라의 CEO인 일론 머스크의 경우 뛰어난 역량에도 불구하고 잦은 설화(舌禍)로 구설수에 올라 '머스크 리스크(Musk Risk)'라

는 말이 나올 정도였다. 테슬라 주가가 2021년 하반기 고점 대비해서 2022년 말 한때 70% 가량 빠지는 과정에서도 실제 머스크 CEO의 설화, 좌충우돌하는 행동이 영향을 미치는 경우가 적지 않았다. 테슬라는 매우 유망한 기업이기 때문에 머스크 CEO만 중심을 잘 잡으면 될 것 같다.

마이크로소프트의 경우 사티아 나델라 CEO의 뛰어난 역량으로 하락에서 다시 급격한 상승 곡선을 탄 케이스다. 2014년 CEO로 임명된 후 조직간 서로 헐뜯는 문화를 뜯어 고쳤고, 클라우드 퍼스트(Cloud First)를 천명하면서 클라우드에 많은 힘을 실었는데 이 전략은 대성공을 거뒀다. 또한 생성형 AI 챗GPT를 자사 서비스에 탑재하면서 검색시장의 최강자 구글의 입지를 뒤흔들고 있다. 1999년께 전 세계 시가총액 1위에 올랐다가 한때 적잖이 떨어졌었던 마이크로소프트는 나델라 CEO의 힘으로 2023년 5월 20일 현재 애플에 이어 전 세계 시가총액 2위 자리를 굳건히 유지하고 있다. 이렇듯 CEO의 역량뿐만 아니라 마인드가 좋은 기업을 찾아 투자해보자.

미국 기업들 중에는 맥도날드, 존슨앤존슨, 코카콜라, P&G 등 50년 이상 연속으로 배당금을 증액한 기업, 25년 이상 연속으로 배당금을 증액한 기업 등 주주친화적인 기업들이 꽤 많다. 이렇듯 배당을 꾸준히 늘리고, 자사주 매입도 종종 하는 기업들을 찾아 투자하면 실패하지는 않을 것이다.

친숙하고 본인 스스로 만족도가 높은 기업

투자에서 성공한 사람들의 이야기를 들어보면 대부분 본인이 잘 모르는 분야나 기업에는 투자하지 않는다고 한다. 잘 모르는 곳에 투자하려고 하면 아무래도 분석하는 데 시간이 더 걸린다. 그리고 친숙하다는 건 그만큼 성공해서 널리 알려졌다는 의미이기도 하다. 투자 대상이 해외 기업이다 보니 아무래도 익숙하지 않은 기업이 많을 수 있다. 국내 주식이든 해외 주식이든 본인에게 친숙한 기업을 투자 바구니에 담아보자.

본인 스스로 만족도가 높다고 하면 그 기업이 향후 성공하거나 꾸준히 성장할 가능성이 높다고 봐도 과언이 아니다. 아이폰에 대한 충성도가 높아 애플 주식에 투자하거나 가성비 높은 물건이 많아 창고형 대형마트 코스트코에 자주 가서 코스트코 홀세일 주식에 투자하거나 비누·세제 등 가정용품에 만족해서 P&G 주식에 투자하는 건 너무나도 자연스러운 행위다.

물론 본인에게 친숙하고 만족도가 높은 기업이라고 해서 주가가 계속 오르리라는 보장은 없으나 친숙하고 만족도가 높은 기업에 투자하는 경우가 그렇지 않은 기업에 투자해서 실패할 경우보다는 후유증이 적을 것으로 판단된다.

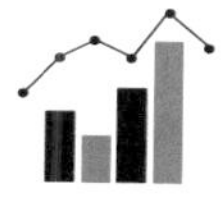

02 추천 해외펀드

해외펀드에 투자할 때는 아래 기준에 여러 개 부합하는 펀드에 투자해보자.

향후 유망하거나 성장성 높은 곳, 꾸준한 곳에 투자하는 펀드

유망하거나 성장성 높은 곳에 투자하는 것이 좋은 이유에 대해서는 앞서 '좋은 해외 금융상품 고르는 요령'의 해외 주식편에서 설명했다. 이외에 성장성이 높은 국가의 펀드나 ETF에 투자하는 것도 유망해 보이는데 대표적인 국가로는 세계 인구 1위에 올라선 인도와 '리틀 차이나'로 불리면서 중국의 대체국가로 자리잡고 있는 베트남 등이다. 꾸준한 분야로는 헬스케어, 고배당 쪽을 꼽을 수 있다. 헬스케어는 글로벌 고령화, 코로나와 같은 지속적인 바이러스 창궐 등으로 구조적으로 성장하고 있는 분야다. 또한 고배당주로 묶인 글로벌 고배당펀드나 고배당ETF의 경우 꾸준히 매년 5~10% 정도의 수익을 냈고, 주가 하락기인 2022년에도 주가 하락률이 −5% 안팎일 만큼 흔들림이 적은 상품이다.

3년 이상 수익률이 검증된 펀드

미국의 대표 기업들에 투자하는 펀드 2개가 있다고 치자. A펀드는 최근 5년 수익률이 +50%에 이르는 펀드이고, B펀드는 같은 기간 수익률이 +30%라고 가정하자. 어느 펀드를 택하는 것이 좋을까? 이건 너무 상식적이다. 같은 나라의 기업들에 투자하는 경우라면 A펀드가 B펀드보다 펀드매니저의 운용 능력이 더 뛰어난 것이다.

특정 지역이나 국가 또는 업종에 투자하는 펀드에 투자하고 싶다면 비슷한 상품들을 검색한 후 과거 수익률을 비교해볼 필요가 있다. 최근 1년, 3년, 5년 수익률뿐만 아니라 설정 후 수익률도 비교해보는 게 좋다. 펀드는 주식과는 달리 투자기간이 상대적으로 길기 때문이다. 물론 과거 수익률이 미래를 보장하지는 않는다. 하지만 과거 수익률이 좋지 않은 펀드를 고르는 사람은 거의 없을 것이다. 스포츠에서 과거와 현재 좋은 성적을 내고 있는 선수를 스카우트하고 싶은 것과 비슷한 이치다. 펀드 비교 사이트로는 펀드슈퍼마켓, 펀드닥터 등을 들 수 있다.

다음은 오랜 기간 꾸준히 검증된 수익을 내왔던 피델리티글로벌

배당인컴 펀드의 수익률 추이다. 전 세계의 안정적인 고배당 기업들에 투자하는 만큼 변동성이 적은 것이 장점이며, 기간마다 연평균 정기예금 대비 2~5배 정도의 수익을 내온 것을 확인할 수 있다.

[피델리티글로벌배당인컴 펀드의 수익률 추이. 5월 20일 기준]

구분	1개월	3개월	6개월	1년	2년	3년	5년	설정 후
수익률	-0.45%	1.13%	5.25%	2.66%	5.14% (연 2.54%)	31.85% (연 9.66%)	41.14% (연 7.14%)	94.20%

(출처 : 펀드슈퍼마켓)

벤치마크, 비교지수 대비 수익률이 좋은 펀드

벤치마크란 특정 분야를 대표하는 지수를 말한다. 국내 대형주는 코스피200, 미국 대형주는 S&P500 등이 대표적인 예다. 벤치마크 대비 더 좋은 성과를 냈다는 것은 그만큼 펀드매니저의 운용 능력이 우수하다고 볼 수 있다. 예를 들어 미국 기업들에 투자하는 펀드에 투자하고 싶은데 과거 수익률이 S&P500 지수보다 높았는지 낮았는지를 비교하는 식이다. 펀드 가입 시 벤치마크와 해당 펀드의 수익률을 비교할 수 있으니 가입 전 확인해볼 필요가 있다.

또한 비교지수나 유형평균 대비 좋은 성과를 냈던 펀드를 고를 필요가 있다. 비교지수는 펀드평가사에서 자체적으로 부여한 지수를 말하며, 유형평균이란 해외 주식형, 해외 채권형 등 해당 펀드의 분류군의 평균을 말한다. 국내에서 과거 8년간 가장 좋은 수익을 냈던 펀드 중 하나인 피델리티글로벌테크놀로지 펀드의 경우 과거 1년, 3년, 5년, 설정 후 누적수익률에서 매번 비교지수보다 높은 수익을 내왔고, 유형평균과는 큰 차이로 수익률 우위를 보여 왔다.

[피델리티글로벌테크놀로지 펀드의 기간별 수익률 추이(5월 20일 기준)]

구분	1개월	3개월	6개월	1년	2년	3년	5년	설정 후
수익률	0.09%	-0.07%	9.44%	7.19%	0.64% (연 0.32%)	62.50% (연 17.57%)	99.01% (연 14.76%)	224.44%
비교지수	1.85%	4.34%	12.57%	10.43%	4.59% (연 2.27%)	52.10% (연 15.00%)	88.54% (연 13.53%)	200.73%
유형평균	2.03%	3.58%	12.00%	6.38%	0.40% (연 0.20%)	49.92% (연 14.45%)	65.63% (연 10.63%)	-

(출처: 펀드슈퍼마켓)

자산운용사의 간판 펀드

각 운용사마다 간판으로 내세우는 펀드들이 있다. 주로 해당 자산운용사의 대표 펀드매니저가 운용하는 펀드로 설정액도 높고 과거 운용수익률도 괜찮은 편이다. 예를 들어 피델리티자산운용의 피델리티글로벌테크놀로지 펀드, 한국투자신탁운용의 한국투자글로벌전기차&배터리 펀드 등이다. 운용사는 간판 펀드에 대한 마케팅을 적극적으로 할 뿐 아니라 간판 펀드의 수익률이 좋지 않으면 자사에 대한 신뢰가 떨어질 수 있기 때문에 수익률 제고를 위해 회사의 역량을 쏟기 마련이다. 따라서 가급적이면 해당 운용사에서 운용 성과도 좋았고, 운용 규모도 큰 펀드, 펀드매니저의 운용 경력도 오래됐거나 간판 펀드매니저가 운용하는 펀드를 선택하는 것이 좋다.

본인 투자 성향에 맞는 펀드

무엇보다도 자신의 투자 성향에 맞는 펀드에 가입해야 한다. 투자 성향은 안정형, 안정추구형, 위험중립형, 적극투자형, 공격투자형으로 나뉘는데 자신의 성향이 위험중립형으로 나왔다면 위험중립형 이하의 위험도를 지닌 펀드에 가입하는 것이 좋다. 투자 성향이 공격투자형으로 나왔다면 대부분의 펀드에 투자가 가능하다. 이처럼 투자자도 자신의 투자 성향 이내의 상품에 투자하는 게 좋다. 성향이 위험중립형인데 적극투자형 상품에 투자하면 원금 손실에 대해 불안해 할 수밖에 없기 때문이다.

이외에 수수료가 낮은 펀드, 펀드매니저의 교체가 적은 펀드 등을 추천한다.

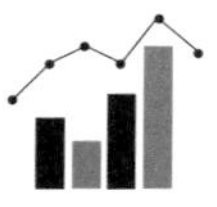

03 추천 해외 ETF

향후 유망하거나 성장성 높은 곳, 꾸준한 곳에 투자하는 ETF

ETF도 향후 유망하거나 성장성이 높은 곳에 투자하는 ETF, 그리고 안정적인 투자를 원한다면 과거 추이가 꾸준했던 ETF를 찾아볼 필요가 있다. 관련 ETF는 '9장. 세대별 해외투자 전략 및 포트폴리오'를 참고해보자.

벤치마크 지수에 투자하는 ETF

전 세계인들이 가장 많이 투자하는 ETF는 SPY ETF다. 글로벌 대표 벤치마크 지수인 S&P500을 기초자산으로 삼는 ETF로 종목 구성이 S&P500과 거의 비슷하다. 이뿐만이 아니다. 전 세계 운용 규모 2위 ETF인 IVV(iShares Core S&P 500) ETF, 3위 ETF인 VOO(Vanguard S&P 500) ETF가 모두 S&P500을 기초자산으로 삼는다. S&P500 지수가 가장 믿을만한 투자 대상이기 때문에 전 세계

투자자들은 ETF 중에서 S&P500 지수 관련 ETF에 가장 많은 자금을 투자하고 있는 것이다. SPY ETF의 운용 규모는 국내 시가총액 1위 삼성전자의 시가총액보다도 클 정도다.

투자의 대가 워런 버핏은 자신이 세상을 떠난 뒤 부인에게 물려줄 대부분의 자금은 S&P500 인덱스펀드에 투자될 것이라고 수 차례 밝혔었다. 그는 또 주식을 전혀 모르는 사람은 S&P500과 같은 인덱스펀드에 투자하는 것이 좋다고 강변하기도 했다. S&P500 만큼 전 세계를 대표할만한 기업들로 이뤄진 지수도 없고, 또 S&P500 만큼 아주 오랜 기간 꾸준히 오른 지수가 많지 않기 때문이다.

S&P500 외에 성장성 높은 기업들 위주로 투자하고 싶다면 나스닥100 지수를 기초자산으로 삼는 QQQ(Invesco QQQ Trust) ETF에 투자해보자. QQQ ETF는 전 세계 운용 규모 5위의 대형 ETF다.

국내 ETF에 투자할 때도 ETF를 고를 자신이 없다면 벤치마크를 기초자산으로 삼는 ETF를 눈여겨 보자. 국내에서는 TIGER 미국 S&P500 ETF와 TIGER 미국나스닥100 ETF가 대표적이다.

해외투자
이 책
한 권으로
끝
챗GPT 수혜주부터,
테슬라, 인디아 펀드,
고배당 ETF까지
이정석의 해외 투자의 정석

CHAPTER

06

해외투자 시 유의사항

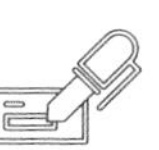

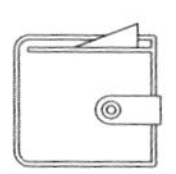

투자에는 늘 조심해야 할 것들이 있고, 해외투자는 약간 더 신경 써야 하는 부분들이 있다. 거래시간도 다르고 1주 단위로 투자가 가능한 국내 증시와는 달리 100주 단위로 매수해야 하는 국가들도 있다. 환율 변동은 해외투자 시 감수해야 할 기본적인 리스크이자 기회 요인이다.

1일 상한가, 하한가 제한이 있는 국내 증시와는 달리 이런 제한이 없는 증시도 있다. 하루에 폭발적인 수익을 거둘 수도 있는 반면 내 돈이 많이 증발될 수도 있다는 얘기다. 투자에 임하기 전 기본적인 유의사항을 숙지해야 큰 손실을 면할 수 있다. 내 돈이 잘 굴러갈 수 있게 하기 위해 해외투자 시 유의해야 할 사항들을 정리해봤다.

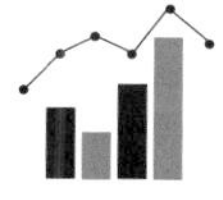

01 원금 손실 가능성 큰 변동성에 대비해야

해외투자상품 중에서는 예금자보호가 되거나 원리금이 보장되는 상품은 거의 없다. 예금자보호제도란 예금보험공사에 예금보험료를 납부하는 금융회사가 영업정지나 파산 등으로 고객의 예금을 지급하지 못하게 될 경우 예금보험공사가 금융회사를 대신해 예금(예금보험금)을 지급하는 제도를 말한다. 현재 금융회사당 예금자보호 한도는 1인당 5천만 원인데 2001년 이후 예금자보호 한도는 제자리다. 미국의 경우 예금자보호 한도가 금융회사 1인당 3억 원을 넘고, 호주와 영국은 각각 2억 원과 1억 원을 넘고, 일본은 1억 원 정도 되지만 한국은 이 나라들보다 낮은 금액으로 23년째 머물러 있는 것이다.

[예금자보호 대상 상품]

구분	보호금융상품
은행	보통예금, 정기예금, 외화예금, 기업자유예금, 주택청약예금, 정기적금, 표지어음, 원본이 보전되는 금전신탁
상호저축은행	보통예금, 정기예금, 정기적금, 표지어음
투자매매업자, 투자중개업자	증권의 매수 등에 사용되지 않고 고객 계좌에 현금으로 남아 있는 금액, 원본이 보전되는 금전신탁
보험회사	개인이 가입한 보험계약, 퇴직보험, 변액보험계약 특약, 변액보험계약 최저사망보험금 · 최저연금적립금 · 최저중도인출금 · 최저종신중도인출금 등 최저보증

(출처: 예금보험공사)

반면 원리금보장형 상품은 발행회사가 파산하지 않으면 원금과 약정 수익을 보장해주는 상품으로 주로 국내 채권, 원금보장형 ELB 등이 이에 해당한다.

그러나 해외투자상품은 주로 해외 기업의 주식에 투자하는 상품이 대부분이기 때문에 예금자보호도, 원리금보장도 되지 않는다. 국내 주식과 국내 주식형펀드, 국내 주식형 ETF 등이 예금자보호와 원리금보장이 되지 않는 것과 같은 이치다. 해외 채권에 투자하는 채권형펀드의 경우 펀드 형태로 투자하므로 마찬가지로 예금자보호와 원리금보장이 되지 않는다. 따라서 해외투자상품에 투자할 경우늘 원금 손실 가능성을 염두에 둬야 한다. 다만 선진국 채권에 투자하는 채권형펀드는 주식형펀드보다 변동성도 적고, 금리 인상기가 아니면 손실 가능성이 적어 상대적으로 안정적인 상품이라 할 수 있겠다.

미국 주식시장의 경우 상한가와 하한가 제한이 없다. 하루에 50% 이상 폭등할 수도, 50% 이상 폭락할 수도 있다. 실제 2023년 초 미국 생활용품업체인 베드배스앤비욘드의 경우 장중 한때 주가가 120%나 상승했었던 것에 반해 나스닥에 상장됐었던 중국 기업인 루이싱커피의 경우 2020년 한때 장중 85%까지 폭락하기도 했었고, 결국 같은 해 상장 폐지 됐다. 이외에도 상·하한가 제한 규정이 없는 나라들이 많다. 반면 한국 주식시장은 상한가 30%, 하한가 30%의 제한 규정이 있다. 따라서 해외 주식에 투자할 때는 반드시 업종별 대표주, 대형 우량주 위주로 접근하는 것이 바람직하다.

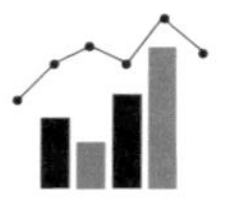

02 무엇보다도 환율이 중요!

해외투자에는 업종과 기업 분석 외에 환율도 고려해야 한다. 주가가 5% 올랐어도 환율이 7% 떨어졌다면(해당국의 통화 가치가 7% 하락했다면) 전체 수익률은 마이너스이기 때문이다. 따라서 해외 주식과 해외 ETF에 투자할 계획이라면 환율이 하락했을 때 투자할 필요가 있다.

다만 미국 주식의 경우 약간 관점이 다를 수도 있다. 만약 원-달러 환율이 1300원이었을 때 환율이 1100원대까지 떨어져서 미국 주식에 투자하려고 마음먹었다고 치자. 그런데 보통은 환율이 이 정도 떨어진다는 것은 한국의 대외 교역 요건이 좋아졌다는 것을 의미한다. 한국 GDP의 70%가 수출일 만큼 한국은 수출로 먹고사는 나라이기 때문이다. 이렇게 대외 교역 요건이 좋아진다는 것은 미국 기업들의 비즈니스 환경도 좋아진다는 의미다. 결국 원-달러 환율이 떨어지는(달러 가치가 하락하는) 동안 미국 기업들의 주가는 환율 하락분보다 더 올라갈 수도 있다. 투자하고 싶었던 기업의 주가 상승분이 환율 하락분보다 더 크면 또 다시 투자를 망설일 것이다. 물론 항상 이런 현상이 일어나는 것은 아니지만 투자하고 싶은 미국 기업이 있다면 환율을 너무 큰 변수로 고민할 필요는 없을 것 같다.

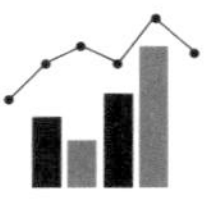

03 시차와 매매 제도, 거래기간을 고려해야

해외투자가 국내투자와 다른 첫 번째 출발점은 바로 시차에 따른 거래시간의 상이성이다. 시차가 없는 일본 증시는 국내 증시와 거래시간이 비슷한 편이지만 시차가 1시간 나는 중국 증시, 2시간 나는 베트남 증시는 국내 증시와도 그 시차만큼 거래시간이 다르다. 특히 시차가 많이 나는 미국 증시의 경우 우리가 잠드는 시간인 저녁 11시 30분(서머타임의 경우 밤 10시 30분)에 정규장이 시작한다. 물론 최근에는 주간거래를 통해 낮에도 미국 주식에 투자할 수 있으나 큰 시장은 밤에 열린다.

각 국 증시마다 매매 제도도 약간씩 다르다. 국내 증시의 경우 1일 거래 시 상한가 +30%, 하한가 −30%의 가격 제한 폭이 있다. 그런데 이런 제한 폭은 나라마다 다르다. 중국은 ±10%, 베트남 호치민 주식시장은 ±7%이고, 일본 주식시장은 종목마다 상한가·하한가 제한 폭이 다르다. 가장 큰 주식시장인 미국 증시는 아예 상한가·하한가 제한 폭이 없다.

1주 단위로 매매가 가능한 국내 증시와는 달리 중국, 일본, 베트남 증시는 100주 단위로 매수가 가능하다. 중국 증시의 경우 매도 시에는 1주 단위로도 가능하다. 이런 각기 다른 특성은 유럽이나 다른 나라의 주식시장에서도 나타나는 특징이니 특정 국가의 주식에 투자하고자 한다면 반드시 거래 제도를 숙지할 필요가 있다.

해외펀드의 경우 국내펀드, 해외 주식과는 달리 거래기간이 적잖이 소요된다. 국내펀드는 자금을 납입한 영업일로부터 기준가 적용까지 2~3영업일이 소요되는 반면 해외펀드는 자금을 납입한 영업일로부터 기준가 적용까지 3~4영업일이 소요된다. 매도 시에도 국내펀드의 경우 환매를 청구한 날로부터 4영업일에 환매대금이 입금되지만 해외펀드는 환매를 청구한 날로부터 보통은 8~9영업일에 환매대금이 입금된다. 따라서 해외펀드는 단기 투자나 빠른 현금화가 필요한 투자에는 어울리지 않으며, 향후 유망한 분야에 1~2년 이상 투자하고자 할 경우에 추천한다.

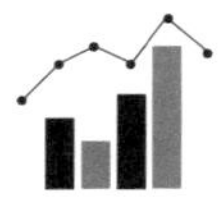

04 ELS의 근본적인 위험도 고려해야

ELS라는 상품은 기본적으로 고위험 상품이다. 연 수익률 8%의 A라는 ELS가 출시됐다고 했을 때 상품 안내서를 보고 연 수익 8%가 그냥 지급되는 상품이라고 생각하는 투자자도 간혹 있다. 하지만 이 상품은 기초자산이 조기상환 조건에 충족해야 연 기준 8% 수익이 나오는 것이지 손실확정 구간(50%로 가정)에 들어가면 반토막 이상의 손실을 볼 수도 있는 상품이다. 기초자산이 개별 종목이라면 조기상환 조건 미 충족 시 이론적으로는 100%까지도 손실이 가능하다. 따라서 A라는 ELS 상품은 연 수익률 8%를 가져가거나 아니면 50% 이상의 손실을 볼 수도 있는 상품이다. 물론 수익을 보는 경우가 훨씬 더 많긴 하지만 손실을 볼 경우 그 규모가 만만치 않기 때문에 큰 금액을 투자하지 않는 게 좋다. 더욱이 주가가 많이 올랐을 때는 손실확정 구간에 진입할 가능성이 주가가 저평가돼 있을 때보다는 높은 편이니 더욱 유의하자.

ELS를 고를 때 기초자산은 가급적이면 종목보다는 지수인 것이 좋다. 개별 종목이 기초자산인 ELS는 수익률이 높긴 하지만 순식간에 손실확정 구간(보통은 50%)에 들어갈 수도 있기 때문이다. 지수를 고를 때도 가급적이면 변동성이 큰 중국의 항셍 지수보다는 미국 S&P500, 유로스탁스50 지수처럼 변동성이 적은 것을 고를 것을 추천한다.

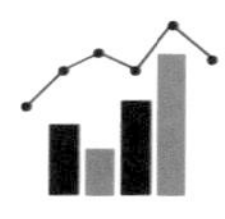

05 2배수, 3배수 레버리지 ETF는 자제해야

해외 상장 ETF에 보면 2X, 3X 등의 문자열이 있다. 기초지수 가격의 1일 등락 폭에 대해 2배, 3배 내외로 움직이는 ETF다. 예를 들어 SOXL ETF(Direxion Daily Semiconductor Bull 3X Shares)의 경우 미국 주식시장에 상장된 30개 반도체 기업들 가중치 지수의 1일 변동 폭의 3배수로 움직이는 ETF다. 즉, 가중치 지수가 10% 오르면 30% 내외의 수익이 날 수 있지만 반대로 가중치 지수가 10% 떨어지면 30% 내외의 손실을 볼 수도 있는 엄청난 'high risk, high return'의 상품이다. 국내 상장 해외 ETF에는 기초지수의 1일 변동 폭의 2배로 움직이는 레버리지 ETF가 많다. 그런데 이런 레버리지 ETF는 대세상승장이나 단기 투자에는 유용할 수 있으나 중장기 투자나 박스권에서는 적지 않은 손실을 볼 수 있어 조심할 필요가 있다. 대세하락장에서는 손실이 어마어마해질 수 있다.

레버리지 ETF는 최초 주가가 아닌 전일 주가에 대해 매일 리밸런싱을 한다. 다음의 표를 예로 들어보면, 일반(1배수) ETF의 경우 4일간 매일 전일 대비 10%씩 등락을 반복한다 해도 −1.99%의 손실만 발생한다. 반면 레버리지 ETF(2배수의 경우)는 −7.84%까지 손실 폭이 확대될 수 있다.

※ 일반 ETF

주가	등락률
100	10%
110	-10%
99	10%
108.9	-10%
98.01	
수익률	-1.99%

※ 2배수 ETF

주가	등락률
100	20%
120	-20%
96	20%
115.2	-20%
92.16	
수익률	-7.84%

이처럼 상승 → 하락 → 상승 → 하락의 경우가 아닌 첫날 하락 후 상승 → 하락 → 상승의 경우에도 결과 값은 동일하다.

※ 1배수 ETF

주가	등락률
100	-10%
90	10%
99	-10%
89.1	10%
98.01	
수익률	-1.99%

※ 2배수 ETF

주가	등락률
100	-20%
800	20%
96	-20%
76.8	20%
92.16	
수익률	-7.84%

그런데 레버리지 정도가 더 심한 3배수 레버리지 ETF의 경우는 그 손실 폭이 더욱 커진다.

※ 3배수 ETF

주가	등락률
100	30%
130	-30%
91	30%
118.9	-30%
82.81	
수익률	-17.19%

다음은 국내 대표적인 레버리지 ETF인 KODEX레버리지 ETF, 그리고 이와 기초지수가 동일한 KODEX200 ETF의 비교 차트다. 비교 기간은 2011년 1월부터 2017년 초반까지이며, 국내 증시가 오랜 기간 '박스피'(박스권 + 코스피)의 오명을 쓰고 있던 시기다

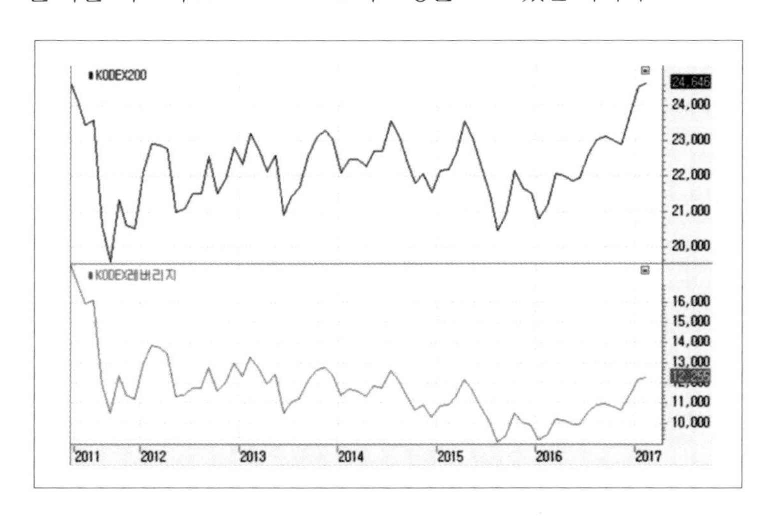

6년이 넘는 기간 동안 두 ETF의 수익률 변화는 다음과 같다.

- KODEX 200 ETF: −2.4%
- KODEX 레버리지 ETF: −33.1%

  ⇨ 수익률 차이: 30.7%

박스권에서 레버리지 ETF에 장기 투자할 경우 이렇게나 손실 폭이 커진다. 만약 3배수 레버리지 ETF였다면 그 손실 폭은 더 커졌을 것이다.

레버리지 ETF는 일반 ETF보다 비용도 비싼 데다 이처럼 위험성을 갖추고 있는데도 국내투자자들은 레버리지 ETF에 엄청나게 많은 돈을 투자하고 있는 실정이다. 지난해 해외 주식 매수결제 TOP 10 중에서 2위, 3위, 4위, 6위가 3배수 ETF다. 2위, 3위 상품은 상승분의 3배까지, 4위, 6위 상품은 하락분의 3배까지 수익이 날 수 있는 상품이다.

[2022년 해외 주식 매수결제 순위(단위: USD)]

순위	국가	티커	종목명	매수결제 금액
1	미국	TSLA	테슬라	19,274,844,653
2	미국	TQQQ	PROSHARES ULTRAPRO QQQ ETF	14,736,503,994
3	미국	SOXL	DIREXION DAILY SEMICONDUCTORS BULL 3X SHARES ETF	11,050,992,018
4	미국	SQQQ	PROSHARES ULTRAPRO SHORT QQQ ETF	10,941,339,609
5	미국	AAPL	애플	4,519,504,438
6	미국	SOXS	DIREXION DAILY SEMICONDUCTOR BEAR 3X ETF	4,220,027,044
7	미국	NVDA	엔비디아	4,116,316,164
8	미국	GOOGL	알파벳	2,442,485,706
9	미국	MSFT	마이크로소프트	1,911,794,925
10	미국	LCID	루시드	1,427,002,182

(출처: 증권정보포털)

국내에서 상장된 한 천연가스 레버리지 ETN의 경우 국제 천연가스 값이 폭등하던 2022년 6월에 고점을 찍었다가 2023년 초반에 95%나 하락했다. 천연가스 값 상승에 베팅해서 이 상품에 1,000만 원 투자했다면 950만 원이나 손실을 보게 된 것이다.

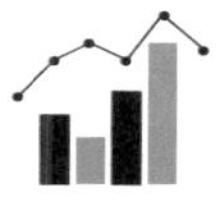

06 PTP 종목 ETF는 투자를 피하자(세금 관련)

미국에 상장된 ETF 중에 PTP 종목이라는 게 있다. Publicly Traded Partnership의 약자로 주로 원자재, 부동산, 인프라 쪽에 투자하는 ETF를 말한다. 미국 연방국세청(IRS)은 PTP 종목에 해당되는 ETF에 투자한 후 2023년 이후 매도분에 대해서는 매도금액에 대해 무조건 10%의 세금을 부과하고 있다. 해외 주식과 해외 상장 ETF에 대해서는 연간 수익금서 250만 원을 공제해 준 후 남은 차익에 대해 22%의 세금을 부과하지만 PTP 종목은 매수 시기, 손익 여부에 상관 없이 무조건 매도금액에 대해 10%의 세금을 부과하니 투자 주의가 필요하다. 2023년 이전에 PTP 종목에 투자했다고 하면 어쩔 수 없이 매도 시 10%의 세금을 내야 하지만 아직 PTP 종목에 투자하지 않았다고 하면 앞으로도 투자하지 않는 것이 좋겠다.

PTP 종목들은 다음과 같다. 지면관계상 티커로만 정리했다.

ATLS, SRLP, BPYPN, BIP_pa, BPYPM, ET_pe, BPYPP, BPYPO, CEQP_p, GLP_pb, GLP_pa, NS_pa, NGL_pb, NS_pb, NGL_pc, OAK_pa, OAKpb, BSM, ARLP, ATAX, AB, BIP, EPD, ESBA, ET, SNMP, FGPR, CEQP, DCP, DKL, DMLP, ECTM, BDRY, SIRE, UAN, CHKR, CAPL, CQP, CCLP, BEP, FUN, CLMT, GBLI, GLP, GEL, GPP, HEP, IEP, GSG, LAZ, MMP, MMLP, IDIV, CPER, WLKP, WES, UGA, BNO, USL, UNG, USO, SCO, PAA, UGL, UCO, SPH, SUN, BOIL, YCL, ULE, KOLD, MPLX, NRP, NGL, NS, EUO, YCS, SVXY, PBFX, ZSL, UVXY, VIXY, VIXM, GLL, AGQ, TAGS, CANE, USCI, USDP, USAC, UNL, SDTTU, SMLP, SOYB, CORN, WEAT

CHAPTER

07

해외투자 관련 꿀팁 10선

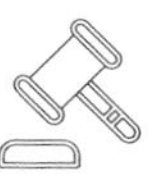

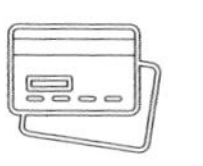

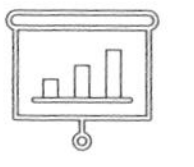

투자도 결국 정보 싸움이다. 좋은 종목과 상품에 대한 정보를 많이 아는 것도 중요하지만 환전 팁, 수수료 절감 팁 등 부수적인 것을 알면 해외투자가 더욱 재미있어진다. 또한 배당을 많이 또는 매월 주는 상품이 있다면 투자를 망설일 이유가 없을 것 같다.

이번 장에서는 환전과 환율 관련 꿀팁, 수수료 절감하는 방법, 소액으로도 비싼 해외 주식을 살 수 있는 방법 등 해외투자자들에게 도움이 될만한, 다른 책에서는 찾아보기 힘든 해외투자 관련 꿀팁 10가지를 소개하고자 한다. 특히 해외투자 시 고배당주 · 고배당ETF 투자, 달러 · 금 투자에 대한 투자자들의 관심이 많은데 이번 장을 통해 그 궁금증을 해소할 수 있다.

해외여행을 갈 때도 유명한 관광지를 찾는 것 외에도 맛집, 분위기 좋은 카페 등의 정보를 얻는다면 그 여행이 더욱 풍요로워지지 않겠는가.

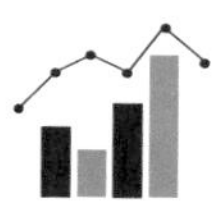

01 환전, 환율 관련 꿀팁

해외투자에서 환율과 환전 부분은 꽤나 중요하다. 따라서 환율, 환전과 관련된 꿀팁들을 Q&A 형태로 정리해 보았다.

Q 어떤 상품에 투자할 때 환전해야 하나?

A 해당 상품이 국내에서 설정됐는지 해외에서 설정됐는지에 따라 원화로 투자할지, 달러로 투자할지가 결정된다. 우리가 적립식으로 많이 투자하는 해외펀드나 절세계좌에서 많이 투자하는 국내 상장 해외 ETF는 모두 국내에서 설정된 상품이기 때문에 원화로 투자해야 한다. 반면 해외에서 설정된 주식과 ETF는 모두 해당 통화로 투자해야 한다.

Q 환전을 하지 않아도 해외 주식과 해외 상장 ETF를 살 수 있는 서비스가 있다고 하던데?

A 증권사에 통합증거금서비스를 신청하면 원화를 달러화나 유로화, 엔화 등 다른 나라의 통화로 환전하는 절차 없이 바로 해당 국가의 주식을 매수할 수 있다. 만약 50달러의 미국 주식을 사려고 50달러만큼만 환전했는데 그 사이 51달러로 오르면 추가 환전을 해야 하는 번거로움이 있었으나 통합증거금서비스를 신청하면 가격에 맞게 환전해주니 여러 회 환전하지 않아도 된다. 또한 해당 주식 가격에 맞춰 환전해주니 자투리 달러가 남는 경우도 없다. 다만 익영업일 환율로 환전해주기 때문에 그 사이에 환율 변동의 영향을 받을 수 있다는 단점도 있다. 이 서비스를 신청하면 달러를 보유한 상태에서 국내 주식을 바로 매입할 수도 있다.

마찬가지로 익영업일 환율로 원화로 자동환전 되기 때문이다. 몇몇 증권사에서 이 서비스를 운영 중이고, 증권사마다 서비스 명칭도 다양하니 증권사에 직접 확인해봐야 한다. 환전에의 어려움을 느끼는 사람들은 이 서비스를 활용하면 된다.

Q 환전 시 환율 우대는?

A 증권사마다 차이는 있으나 약 50% 안팎의 기본적인 환율 우대를 해준다. 또한 투자 금액에 따라 이보다 더 환율 우대를 해주기도 한다. 이는 거래하는 증권사에 확인해보면 된다.

Q 달러 외의 통화를 사용하는 해외 주식 투자는 어떻게 하면 되나요?

A 증권사마다 다르긴 하지만 보통은 중국, 홍콩, 일본의 경우는 자국 통화로 증권사 어플을 통해 환전해서 투자할 수 있다. 이외에 대만이나 인도네시아, 독일 등 우리가 잘 투자하지 않는 국가의 주식을 투자하려면 미국 달러로 먼저 환전한 후 해당 통화로 다시 환전해서 투자해야 하는 경우도 있다.

Q 은행에 달러가 있는데 어떻게 투자하나?

A 이것도 증권사마다 차이는 있으나 외부 금융사에 있는 달러를 받아올 수 있는 은행 연계 가상계좌를 만들어 그 가상계좌에 달러를 입금하면 증권사 주식계좌에 달러가 표시된다. 그런 후 입금된 달러를 통해 해외 주식과 해외 ETF를 투자하면 된다.

Q 환율 변동에 영향을 안 받고 싶다면?

A 해외 주식과 국내 상장 해외 ETF, 해외 상장 ETF는 환율 변동에 영향을 받는다. 다만 해외펀드의 경우 환헤지(hedge) 상품이 많다. 환헤지란 환율 변동에 영향을 받지 않는 것을 의미한다. 펀드의 경우 펀드 이름 마지막에 'H', 'UH'가 붙는 상품이 있는데. H는 Hedge, UH는 Un Hedge를 의미한다. H가 붙어 있지 않은 펀드들은 환헤지를 하는 경우가 많다. 다만 펀드에 H가 붙어 있다 해도 100% 환헤지 되는 건 아니고 약 80% 정도만 헤지 된다.

2022년처럼 환율이 폭등한 시기에는 미국 기업들에 투자하는 해외펀드의 경우 환헤지 되는 H클래스의 펀드보다는 환 변동의 영향을 받은 UH가 더 유리했다. 평가액 하락분을 환율 상승분이 어느 정도 메워줬기 때문이다. 해외(미국) 상장 ETF와 국내 상장 해외 ETF(미국)도 달러 상승으로 환 손실분을 더 메울 수 있었다. 하지만 환율 변동까지 고려한다면 너무 복잡하기 때문에 신규로 펀드에 투자하고자 한다면 환헤지형 상품을 추천한다.

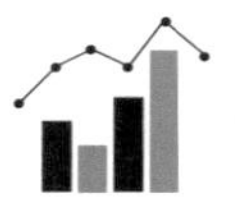

02 수수료 절감 꿀팁

해외투자는 국내투자보다는 수수료가 다소 높은 편이다. 따라서 해외투자 수수료 절감 팁이 중요하다. 해외 주식과 해외 ETF 매매수수료는 대략 0.25~0.5% 수준이다. 무료 또는 0.1~0.5%인 국내 주식에 비해서는 수수료가 높은 편이다. 다만 국내 주식의 매도금액에 대해서는 0.2%의 증권거래세가 부과되나 해외 주식의 경우 매우 적은 수준이다.

해외 주식 매매수수료가 무료인 증권사는 없으니 상대적으로 수수료가 싼 곳을 선택하면 되겠다. 또한 증권사별로 해외투자 수수료 인하 이벤트나 투자금 무료 지급 이벤트를 진행하는 증권사들이 있으니 잘 찾아보자.

해외펀드도 국내펀드보다는 수수료가 높은 편이다. 해외 주식형 펀드의 경우 C형 기준으로 연 보수가 1~1.5% 수준이다. 하지만 온라인으로 가입 시 수수료는 이보다 절반 가량 낮아진다. 펀드의 경우 2년 이내 단기 투자를 희망한다면 선취 수수료를 떼는 A형보다는 C형이 조금 더 유리하다. 반면 2년 이상 중장기 투자를 계획한다면 C형보다 연 보수가 저렴한 A형을 더 추천한다. 펀드는 지점에서 가입하는 것보다는 온라인으로 가입하는 것이 더 유리하며, 펀드슈퍼마켓을 통해 가입해도 수수료가 절감된다. 하지만 펀드슈퍼마켓의 경우 관리자의 관리를 받기 어렵다는 단점은 있다. 최근에는 주식·ETF뿐만 아니라 펀드도 주로 온라인으로 가입한다.

해외펀드 수수료를 더 낮추고 싶다면 연금저축펀드나 IRP 등의 절세계좌를 통해 온라인에서 투자해보자. 이 경우 해외 주식형펀드의 연간 총보수는 0.5% 안팎까지 낮아진다. 이런 절세계좌는 연간 세액공제 한도는 900만 원까지이나 납입 한도가 1,800만 원까지다. 즉, 연간 900만 원의 납입분에 대해서는 가급적이면 연금 형태로 수령하고, 추가 납입분에 대해서는 중도 인출이 자유로우니 이 추가 납입 기능을 적극 활용해서 펀드 수수료를 낮추면 효과적인 재테크가 될 수 있다.

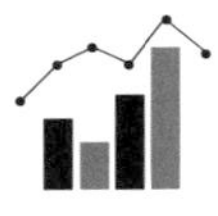

03 해외 고가 주식 1주가 부담스러우면 소수점 거래를 활용하라

워런 버핏이 CEO로 있는 버크셔 해서웨이 A주의 경우 주당 가격이 약 50만 달러(5일 20일 기준)에 이른다. 원화로 환산하면 아파트 한 채 값이다. 섣불리 투자하기에 엄두가 나지 않는 가격이지만 이는 증권사의 소수점 거래를 활용하면 적은 금액으로도 매수가 가능하다.

기본적으로 미국 주식은 1주 단위로 거래가 가능하지만 코로나 팬데믹 이후 높아진 해외투자 열기로 인해 많은 증권사들이 소수점 6자리까지 거래가 가능한 거래 서비스를 시행하고 있다. 이렇게 되면 500원~600원만 있어도 버크셔 해서웨이 A주의 소액주주가 될 수 있다. 국내에서 창고형 대형 할인마트로 유명한 코스트코 홀세일의 경우 주당 가격이 496.8달러(2023년 5월 20일 기준)에 이른다. 원화 기준 66만 원이나 되는 만만치 않은 가격이다. 하지만 이것도 0.1주 또는 0.5주로 쪼개서 사면 가격 부담이 줄어든다. 소수점 거래로 비싸 보였던 해외 주식에의 진입 장벽이 대폭 낮아진 것이다. 이런 식으로 자녀 이름으로 테슬라, 애플 등의 주식을 쪼개서 매입할 수 있다.

소수점 거래는 해외 상장 ETF에도 동일하게 적용된다. 해외 주식 소수점 거래 서비스는 주로 미국 주식에만 활용되고 있다. 다만 소수점 거래 가능 자릿수 등 상세한 내용은 증권사마다 다르니 직접 확인해봐야 한다.

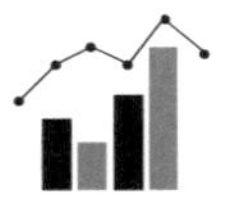

04 매월 특정일에 해외 ETF 사고 싶다면 정기투자 약정 활용하라

보통 '적립식 투자' 하면 펀드 투자의 영역으로 생각했던 게 일반적이다. 매월 10만 원 또는 20만 원씩 수 년간 꾸준히 납입해서 종잣돈을 만들기 위한 방법으로 적립식 투자를 많이 한다. 2000년대에는 차이나 펀드를, 2010년대에는 미국 펀드를 주로 적립식으로 많이 투자했었다.

이런 적립식 투자가 국내 상장 해외 ETF에도 가능하다. 예를 들어 TIGER 미국나스닥100 ETF를 매월 25일에 30만 원씩 사고 싶다고 한다면 증권사를 통해 이와 관련된 정기투자 약정을 하면 된다. TIGER 미국나스닥100 ETF는 5월 20일 현재 1주당 82,135원이다. 약정 기간은 보통은 36개월에서 60개월 사이이다. 은행 계좌에서 매월 이체도 가능하고, 증권 계좌에서의 매월 이체도 가능하다.

매수하고 싶은 해외 ETF가 있는데 타이밍 잡기가 애매하다면, 그리고 매월 특정일에 꾸준히 사고 싶다면 해외 ETF를 이렇게 적립식으로 투자하면 된다.

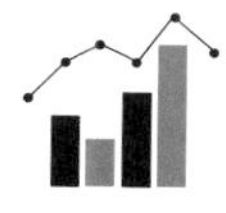

05 배당을 오래, 많이 받고 싶다면 배당왕·배당귀족 주식에 투자하라

미국 기업 중에는 배당왕(Dividend King)과 배당귀족(Dividend Aristocrats)이란 분류가 있다. 50년 이상 연속 배당금이 증가한 기업을 배당왕, 25년 이상 연속 배당금이 증가한 기업을 배당귀족이라 일컫는다. 수 년 이상 배당금을 연속 늘려서 지급하는 것도 쉽지 않은데 미국에서는 경기가 좋든 좋지 않든 25년, 심지어는 50년 이상 연속으로 배당금을 늘린 기업들이 여럿 있다. 배당왕 기업은 45개, 배당귀족 기업은 65개나 된다. 매출과 순익이 꾸준히 늘지 않고서는 불가능한 일이며, 이는 곧 중간에 부침은 겪었겠으나 주가도 꾸준히 오른 기업들이라고 보면 된다. 정말 주주들에게는 믿음이 가는 대표적인 주주친화적 기업들이라 할 수 있겠다. 배당 성향도 50%가 넘는 기업들이 많다.

배당왕, 배당귀족에 해당되는 우리에게 친숙한 기업들은 다음과 같다.

맥도날드, 셰브론, 앨버말, 엑손모빌, 월마트, 유나이티드헬스, 존슨앤존슨, 캐터필러, 코카콜라, 콜게이트, 킴벌리클락, 펩시코, P&G, 3M.

미국의 배당왕은 미국의 경기 침체 기간 때도 방어를 잘한 편이었다. 대표적인 경기 침체 기간 때의 S&P500 지수와 미국 배당왕의 수익률 비교는 다음과 같다. 이런 배당왕 주식들을 몇 개 골라서 중장기 투자 하면 꾸준히 안정적인 수익이 나올 수도 있지 않을까?

경기침체 기간	S&P500 지수	배당왕
1981년 7월~1982년 11월	+7%	+32%
1990년 7월~1991년 3월	+5%	+8%
2001년 3월~2001년 11월	-8%	+7%
2007년 12월~2009년 6월	-38%	-24%

미국 주식시장에는 연 배당수익률이 10%가 넘는 ETF들이 여럿 있다. 더욱이 그런 높은 배당을 매월 지급해주기까지 하는 ETF들도 많다. 매월 꾸준한 현금을 지급받기를 원하는 투자자들에게는 제격이다. 배당을 많이 받고 싶다면 커버드콜 ETF나 리츠에 주목하자.

커버드콜(Covered Call)

커버드콜은 사전적인 의미로는 '주식을 보유한 상태에서 콜옵션을 다소 비싼 가격에 팔아 위험을 안정적으로 피하는 방식'이다.(출처: 네이버 시사상식사전) 콜옵션은 보유 주식을 미래의 특정 시점에 특정 가격에 살 수 있는 권리를 파는 것을 의미한다. 이 방법을 통해 투자자는 주식이 일정한 가격 범위 내에서 등락을 반복할 경우 투자 수익을 거둘 수 있다. 횡보장(주가가 큰 상승과 하락 없이 답보상태인 장)에서는 옵션 프리미엄을 팔아 수익을 내고, 상승장에서도 시장 대비 수익은 적으나 수익 창출이 가능하다. 또한 하락장에서도 하락을 어느 정도까지는 제한할 수 있는 방법이다.

커버드콜 ETF는 이 콜옵션 판매대금으로 매달 수익을 지급할 수 있는 ETF로 해외의 경우 월 배당 ETF 상당수가 커버드콜 ETF다. 대표적인 국내외 커버드콜 ETF 상품으로는 XYLD(Global X S&P 500 Covered Call) ETF와 QYLD(Global X NASDAQ 100 Covered Call) ETF 등이 있다.

[대표적인 국내외 커버드콜 ETF]

상장 지역	티커(또는 코드)	ETF full name	분배율 (5월 20일 기준)
미국	XYLD	Global X S&P 500 Covered Call ETF	12.21%
미국	QYLD	Global X NASDAQ 100 Covered Call ETF	11.96%
미국	JEPI	JPMorgan Equity Premium Income ETF	11.30%
미국	DJIA	Global X Dow 30 Covered Call ETF	9.96%
한국	133690	TIGER 미국나스닥100커버드콜(합성)	–

리츠(Real Estate Investment Trusts)

리츠란 주로 대형 상업용 부동산, 인프라, 물류센터, 데이터베이스 센터 등에 투자한 후 운용수익과 매각수익을 투자자들에게 나눠주는 부동산투자회사를 말한다. 그리고 그 부동산투자회사는 주식시장에 상장돼 있다. 5월 20일 기준 우리나라 주식시장에는 20개가 넘는 리츠가 상장돼 있고, 시야를 미국으로 넓히면 상장 리츠 수는 200개가 넘는다.

리츠의 가장 큰 특징은 배당수익률이 높다는 점. 해외나 우리나라나 리츠의 배당수익률은 보통은 5% 이상이다. 100만 원 투자했을 경우 1년간 주가 변동이 없었다고 가정하면 연간 5% 이상의 수익은 가져간다는 것이다. 대표적인 해외 리츠, 리츠ETF 상품으로는 리얼티인컴과 사이먼 프라퍼티 그룹이 있다.

[대표적인 해외 리츠, 리츠 ETF]

상장 지역	티커 (또는 코드)	종목명, ETF full name	배당수익률 (ETF는 분배율)
미국	O	리얼티인컴	4.87%
미국	SPG	사이먼 프라퍼티 그룹	6.35%
미국	VNQ	Vanguard Real Estate ETF	3.76%
한국	352560	KODEX 다우존스미국리츠(H)	-
한국	352540	KODEX TSE일본리츠(H) ETF	-

고배당주 ETF

고배당 ETF는 늘 투자자들에게 인기가 많다. 이 중에서 국내투자자들에게 잘 알려진 고배당 ETF 상품으로는 VIG(Vanguard Dividend Appreciation) ETF와 SPHD(Invesco S&P 500 High Dividend Low

Volatility) ETF 등이 있다.

상장 지역	티커 (또는 코드)	ETF full name	분배율 (5월 20일 기준)
미국	VIG	Vanguard Dividend Appreciation ETF	4.52%
미국	SPHD	Invesco S&P 500 High Dividend Low Volatility	4.07%
미국	SCHD	Schwab U.S. Dividend Equity	3.60%
한국	433330	SOL 미국S&P500	–

분기 배당 활용

미국 주식 중에는 분기마다 또는 1년에 여러 회 배당을 주는 종목들이 많다. 매월 배당을 받고 싶다면 이 배당 지급 월을 잘 맞추면 가능하다. 예를 들어 다음처럼 분기 배당하는 종목들 3개만 매수해도 매월 배당을 받을 수 있다.(2022년 배당 지급 기준)

종목	1월	2월	3월	4월	5월	6월	7월	8월	9월	10월	11월	12월
시스코 시스템즈	O			O			O			O		
P&G		O			O			O			O	
존슨앤존슨			O			O			O			O

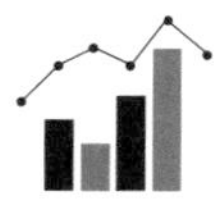

06 한밤중 거래가 힘들다면 예약 매수나 주간거래를!

코로나 팬데믹 이후 불어 닥친 서학개미 열풍은 전국에 수많은 올빼미족을 만들어냈다. '올빼미족'이란 새벽까지 미국 주식을 사고 파는 투자자들을 일컫는 말로 국내와 시차가 달라서 생긴 말이다. 미국 주식과 ETF를 거래하기 위해서는 밤 11시 30분(서머타임 때는 10시 30분)까지 기다려야 하는데 피곤해서 그냥 잠에 드는 경우도 허다하다. 거래의 편이성을 위해 국내 증권사들이 미국 주식 주간거래를 2022년부터 도입하기 시작했다.

2021년까지만 해도 미국 주식은 프리마켓(18:00~23:30), 정규장(23:30~06:00), 애프터마켓(06:00~08:00) 때만 거래가 가능했었다. 그러다가 2022년에 한 증권사가 오전 10시부터 오후 5시 30분까지(서머타임 시 오전 9시부터 오후 4시 30분까지) 거래할 수 있는 주간거래의 포문을 열었고, 2023년에는 여러 증권사들이 주간거래 서비스를 시행 중이다. 일부 증권사를 통해서는 아예 24시간 거래까지 가능할 정도다.

따라서 근무 시간 때문에 평일 저녁에 미국 주식을 매수하기 힘들거나 수면을 일찍 취해 늦게까지 버티기 힘든 경우라면 이런 주간거래 서비스를 적극 활용해보자. 반면 해외펀드는 아무 때나 매수 가능하다.

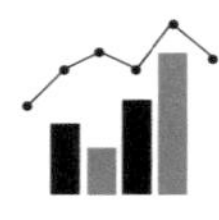

07 TSMC, 토요타에 쉽게 투자하고 싶다면 ADR을 활용하라

반도체 위탁생산(파운드리) 전 세계 1위 기업은 대만의 TSMC이고, 전 세계 자동차 생산 1위 기업은 토요타(일본)다. 이들 기업에 투자하려면 해당 국가의 화폐로 환전해야 한다. 또한 거래시간, 최소주문단위도 파악해야 한다. 계좌에 보유한 통화가 달러밖에 없다면, 그리고 미국 주식시장에 상장된 종목에 투자하는 것이 익숙하다면 이들 종목에는 어떻게 투자하는 것이 좋을까.

이들 주식의 미국 ADR(American Depositary Receipt. 미국 주식예탁증서)에 투자하면 된다. ADR이란 미국 외의 주식시장에 상장된 기업이 미국 주식시장에서 거래되기 위해 만든 증서를 말한다. 만약 유럽시장에서 거래되고자 한다면 EDR(European Depository Receipt)을 발행한다.

TSMC를 대만 주식시장에서 매수하기 위해서는 대만 달러로 환전해야 하고, 매매단위도 1,000주나 된다. 투자자가 많지 않다 보니 매매단위를 많이 높였다고 보면 된다. 또한 MTS에서 보이는 시세는 15분 지연이다. 즉, 15분 전의 가격이란 얘기다. 이렇듯 투자 경험이 없거나 적은 국가의 주식시장을 통해 종목에 투자하려면 번거로운 점이 많다. 그런데 이 회사는 미국 주식시장에 TSM이란 티커로 ADR이 상장돼 있다. 달러로 투자 가능하며, 매매단위도 1주 단위이고, 미국 주식이기 때문에 시세 안내가 주로 실시간이다.

이런 식으로 토요타, 알리바바 등 아시아의 대표 기업들을 미국 주식시장에서 쉽게 매매할 수 있다. 더욱이 통합증거금서비스까지 신청했다면 환전을 하지 않아도 된다.(대만 달러는 통합증거금서비스 범주 내에서 빠지는 경우가 많다) 더욱이 반도체 장비의 '슈퍼을'로 불리는 ASML과 전 세계 ERP 분야 1위 기업인 SAP에 투자하려면 유럽의 주식시장 거래시간과 다른 규정을 알아야 하는데 미국 ADR로 투자한다면 낮에도 또는 24시간 투자가 가능하다. 이처럼 미국 이외의 주식시장에 거래돼 있는 기업들에 투자하고자 한다면 거래가 훨씬 편한 ADR 투자를 고려해보자.

우리나라 기업들도 ADR을 발행해 미국 주식시장에 상장돼 있는 곳이 많다. 다음은 ADR이 발행된 외국 다국적기업과 우리나라 주요 기업들이다.

- **외국 기업:** TSMC(대만), 알리바바, JD닷컴, 바이두(이상 중국), 토요타, 소니그룹(이상 일본), SAP, 지멘스(이상 독일), ASML(네덜란드), HSBC(영국), 네슬레(스위스) 등
- **국내 기업:** 삼성전자, 한국전력, 포스코홀딩스, SKT, KT, KB금융지주, 신한금융지주, 네이버, 쿠팡 등

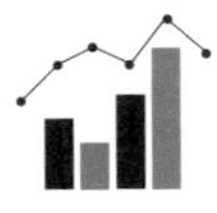

08 자원부국, 신기술 등 다양한 분야에 투자하고 싶다면 해외 ETF를 주목하라

2020년부터 전기차와 2차전지가 각광을 받은 이후 2차전지의 주원료인 니켈, 리튬 등의 광물에 대한 관심도가 폭증하고 있다. 또한 첨단산업에 많이 들어가는 희토류에 대한 인기도 꾸준하다. 이런 광물을 많이 보유하고 있는 국가들이 머지않아 그들만의 카르텔을 형성해 광물 가격이 꾸준히 상승할 것으로 우려된다.

전 세계 니켈 생산 1위 국가인 인도네시아는 2022년 하반기에 니켈의 원석 수출을 제한하는 조치를 취했다. 인도네시아 정부는 향후 니켈뿐만 아니라 구리, 주석, 보크사이트 등을 원광 형태로 수출하는 것을 금지하겠다고 한다. 2022년 11월 인도네시아 정부는 "호주, 캐나다 등 광물 대국을 만나 OPEC(석유수출국기구)와 같은 니켈 생산국들을 위한 특별 기구 설립 준비에 공식 착수했다."고 전하기까지 했다. 리튬은 볼리비아, 아르헨티나, 칠레가 전 세계 생산 1, 2, 3위를 점유하며 '리튬 트라이앵글'로 불리고 있다. 그리고 이들 나라들도 2022년 말 리튬 협의기구를 결성한 후 리튬판 OPEC을 추진

하겠다고 밝혔다.

스마트폰과 IT에 핵심 소재로 쓰이는 희토류는 중국이 전 세계 매장량의 86%를 보유 중이다. 미국이 중국을 계속 견제해도 중국이 꿈쩍도 안 할 것이라는 이유 중 하나가 바로 중국이 희토류 대국이라는 것이며, 중국이 궁지에 몰리면 희토류 수출을 제한 또는 금지하면서 미국의 산업계를 압박할 수도 있기 때문이다.

1960년에 창설된 OPEC가 지구상의 최대 카르텔로 악명을 떨치고 있는 상황에서 광물을 앞세운 자원 민족주의는 우리나라처럼 대부분의 원자재를 수입해 제품을 만들어 수출을 많이 하는 나라에게는 좋지 않은 영향을 미칠 수 있다. 하지만 여기서 투자 힌트를 찾을 수 있다. 바로 이런 광물 관련 ETF와 펀드 등에 투자하는 것이다. 다음은 관련 상품들이다.

광물 ETF

※ 리튬&니켈&2차전지(해외 상장 ETF는 티커명, full name 순)

- 미국 상장: LIT(Global X Lithium & Battery Tech ETF)
- 미국 상장: JJN(iPath Series B Bloomberg Nickel Subindex Tota Return ETN)
- 국내 상장: TIGER 글로벌리튬&2차전지SOLACTIVE(합성)

희토류

- 미국 상장: REMX(VanEck Rare Earth/Strategic Metals ETF)
- 국내 상장: ARIRANG 글로벌희토류전략자원기업MV

관련 국가 ETF

- 인도네시아: ACE인도네시아MSCI(국내 상장)
- 칠레: ECH(iShares MSCI Chile ETF)(미국 상장)

해외 ETF를 통해서 신기술·첨단사업과 다양한 국가들에 투자할 수 있다. 2023년 초반 지구촌은 고도화된 인공지능인 챗GPT가 큰 화제가 됐고, 이로 인해 국내 증권가에서는 수혜주 찾기에 여념이 없었다. 하지만 개별 종목으로 접근하면 해외에서는 엔비디아나 마이크로소프트 정도가 직접적인 수혜를 보는 종목 정도이고, 챗GPT의 직접적인 수혜를 보는 국내 주식은 거의 없는 현실이다.

그런데 이런 신기술이나 새로운 큰 테마가 형성되면 투자 대상을 관련 해외 ETF에서 찾아보길 권한다. 특정 종목으로 접근할 경우 아무래도 주식이 간접투자상품인 ETF보다는 변동성이 클 뿐만 아니라 해당 기업에서 신기술이 차지하는 비중, CEO 리스크 등 여러 가지를 따져봐야 한다. 반면 ETF는 관련 테마에 부합하는 기업들로 묶여 있어 해당 테마에 투자한다고 보면 된다. 챗GPT가 화제가 됐다고 하면 검색창에 '인공지능 해외 ETF'(또는 AI 해외 ETF)를 치면 이미 운용돼 온 인공지능 관련 ETF가 여럿 뜨고, 이 중에서 운용 규모가 크면서 과거 수익률도 좋았던 ETF를 찾으면 된다.

2021년 말에는 글래스고 기후협약이 이슈가 됐었는데 관련 투자를 하고 싶었다면 이 또한 '친환경 ETF'로 검색했다면 해외 상장 ETF(또는 국내 상장 해외 ETF)로 좋은 답을 찾을 수 있었다. 이처럼 전 세계적으로 화제가 되고 있는 신기술이나 신사업, 테마들이 뜨고 있다면 관련 해외 ETF를 검색해서 자신의 투자 장바구니에 담아보자.

관광의 나라 스페인이나 이탈리아에 다녀온 후 해당 국가의 기업들에 투자하고 싶다면 검색으로 EWP(iShares MSCI Spain) ETF나 EWI(iShares MSCI Italy) ETF 등을 알아보면 된다. 특정 국가에는 투자하고 싶고 그 국가의 기업들을 분석하기 힘들거나 해당 국가의 기업에 투자할 수 있는 방법이 없다면 이렇게 미국 주식시장에 상장된 ETF에 투자하면 된다.

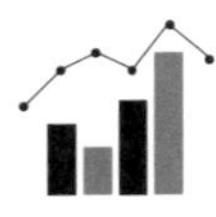

09 금, 원자재 투자에도 해외투자는 필수!

전쟁이나 전염병 창궐 등 국제 정세가 불안할 경우 투자자들이 많이 찾는 대상이 바로 금(金)이다. 2020년 코로나 바이러스 창궐 때도 그랬고, 2022년 러시아-우크라이나 전쟁이 발발한 후 한동안 금 값은 적잖이 상승했다. 달러 투자 만큼이나 많이 찾는 대상이 금인데 금에 투자할 수 있는 방법은 다음과 같다. 금에 투자할 때도 해외투자는 필수다.

금 ETF

금 ETF가 투자하기 가장 용이하다. 국내 주식시장과 미국 주식시장에 상장돼 있는 금 관련 상품들이 있어 현금이 있다면 쉽게 투자가 가능하다. 국내 주식시장에 상장된 금 ETF로는 KODEX 골드선물, TIGER 골드선물 등이 있는데, 모두 S&P GSCI Gold Index를 기초지수로 삼고 있다. 다만 해외자산에 투자하기 때문에 수익에 대해 15.4%의 배당소득세가 부과된다. 미국 주식시장에 상장돼 있는 대표적인 금 ETF로는 SPDR Gold Shares(티커명 GLD)가 있다.

KRX 금 투자

해외 금 관련 상품에 투자할 때 배당소득세 또는 양도소득세가 부과되는데, 세금 없이 투자할 수 있는 방법이 있다. 한국 증권거래소에서 운영하는 KRX 금 시장에 투자하는 방법이다. 주식처럼 편리하게 증권사를 통해 금 현물 전용계좌 개설 후 HTS나 앱에서 직접 거래할 수 있는 방식이다. 세금에 민감하다면 이 거래를 진행해보면 되겠다.

금 주식

금 채굴 기업에 직접투자하는 방법이다. 10개국 13여개 광산에서 금을 채굴하고 있는 전 세계 최대 금 채굴기업 뉴몬트(미국)나 배릭골드(캐나다)가 대표적이다. 둘 다 뉴욕 증권거래소에 상장돼 있다.

금 펀드

펀드를 선호하면 금 펀드에 투자해도 된다. 국내에서 판매되는 대표적인 금 펀드로는 하이월드골드증권자투자신탁(주식-재간접형), KB스타골드특별자산투자신탁(금-파생) 등을 꼽을 수 있다. 전 세계 금 관련 기업이나 금 선물, 금 ETF 등에 투자하는 펀드들이다.

이외에 금을 0.01g단위로 거래할 수 있는 상품인 골드뱅킹을 은행을 통해 가입하는 방법과 골드바를 직접 사는 방법도 있다. 다만 골드뱅킹에는 배당소득세의 세금이 부과되고, 부가가치세가 부과되는 골드바의 경우 관리 이슈가 발생된다는 단점이 있다.

금과 같은 원자재에 투자할 때는 ETN을 많이 찾기도 한다. ETN은 Exchange Traded Note(상장지수채권)의 약자로 기초지수의 변동과 수익률이 연동되도록 증권회사가 발행하는 파생결합증권이다. 언뜻 보면 ETF와 비슷하지만 ETF는 자산운용사에서 발행하는 반면 ETN은 증권사에서 발행한다. ETF의 동생과도 같은 느낌이다. ETN은 주로 원자재 분야나 ETF가 투자하지 않는 틈새 분야, 그리고 다양한 레버리지와 인버스 형태에 투자를 한다.

다음은 5월 20일 현재 시가총액 상위 5개의 ETN 리스트다. 국제원유 값이 폭등하던 2022년도 상반기에는 WTI(서부텍사스산원유)에 투자하는 ETN은 훌륭한 수익을 냈다.

[국내 ETN 시가총액 TOP 5]

- 삼성 인버스 2X 천연가스 선물 ETN
- QV 코스피 변동성 매칭형 양매도 ETN
- 삼성 레버리지 WTI원유 선물 ETN
- 신한 레버리지 WTI원유 선물 ETN(H)
- TRUE KIS CD 금리투자 ETN

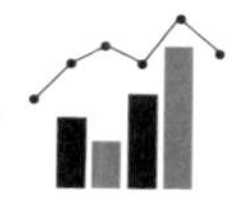

10 해외투자의 백미는 달러! 달러 투자 방법

해외투자에 관심 없는 사람들 중에서도 달러를 보유하고 있는 사람들은 많다. 기축통화라는 점, 해외여행 때 쓸 수 있다는 점, 그리고 글로벌 위기가 다가오면 달러 값이 올라 짭짤한 수익을 낼 수 있다는 점 등으로 달러 보유를 선호하는 사람들이 많다. 달러에 투자하는 여러 가지 방법이 있어 소개하고자 한다.

달러 ETF

미국 달러 시세에 직접투자하는데 있어 가장 간단한 투자 방법이다. 달러 ETF는 달러 시세와 거의 비슷하게 움직인다. 또한 ETF이기 때문에 환금성(매도 2영업일 후 현금화)도 뛰어나다.

대표적인 달러 ETF로는 KODEX 미국달러선물 ETF와 2배수 상품인 KODEX 미국달러선물레버리지 ETF가 있고, 모두 국내 주식시장에 상장돼 있다. 달러 레버리지 ETF는 달러 가치의 1일 변동폭에 2배수로 움직인다. 만약 원화 대비 달러 값이 5% 오른다면 달러 레버리지 ETF는 10% 정도의 수익을 낼 수 있다. 반면 달러 값이 5% 떨어지면 −10%의 손실이 발생할 수 있다. 레버리지 ETF보다는 1배수 ETF를 추천하지만 현재 달러 가치가 많이 떨어져서 달러 투자에서 차익 기대감이 크다고 판단되면 달러 레버리지 ETF에 투자해봐도 좋다. 다만 레버리지 ETF는 장기 투자에는 적합하지 않기 때문에 목표 수익률을 정하고 해당 수익률에 도달하면 바로 매도하는 전략을 취하자.

반면 달러 값의 움직임에 역으로 투자하는 ETF도 있다. KODEX 미국달러선물인버스 ETF다. 현재 달러 값이 많이 올랐다고 판단되면 이 ETF에 투자해 보자. 달러인버스 ETF에도 레버리지 상품이 있는데 KODEX 미국달러선물인버스2X ETF다.

달러예금

달러 상승이 예상될 때 가장 많이 찾는 상품 중 하나가 달러예금이다. 금리는 1% 안팎으로 일반 정기예금의 금리보다는 낮은 금리가 주어지지만 달러 가치가 오르면 환차익까지 얻을 수 있으며, 환차익에는 비과세 혜택까지 주어진다. 또한 정기예금처럼 5천만 원까지 예금자보호가 된다. 대부분의 은행에서 가입이 가능하며, 출금할 때는 원화 또는 달러 중에서 선택할 수 있다

달러연금

최근 몇 년 새 퇴직자들에게 인기를 끄는 상품이다. 원화 또는 달러로 투자한 후 빠르면 익월부터 평생토록 달러로 연금을 받을 수 있는 상품이다. 그리고 이 상품의 특징은 매월 받는 연금액이 가입 즉시 달러로 확정된다는 것이다. 다만 환율에 따라 매월 받는 원화 수령액은 변동된다. 환율이 낮을 때(달러 가치 하락 때) 가입했다가 연금을 받을 때 환율이 올라가면 예상보다 더 많은 연금을 받을 수 있다. 따라서 이 상품은 환율이 많이 떨어졌을 때 가입하면 좋을 듯하다. 매월 지급받는 달러를 생활비나 노후자금, 해외여행자금 또는 달러를 쓰는 나라에서 유학하고 있는 자녀에게 지급해도 좋을 듯하다.

미국 주식 투자

미국의 우량주에 투자한 후 달러 가치가 오르면 환차익까지 가져갈 수 있다. 물론 주가 상승에 따른 차익 실현이 더 큰 목적이긴 하지만 환차익이란 보너스까지 챙길 수 있다. 다만 미국 주식 투자로 환차익의 효과를 보려는 목적이라면 비교적 안정적인 주식에 투자할 것을 추천한다. 환율이 올라 환차익이 5~10% 났다 해도 주가가 이보다 더 빠지면 달러 투자에 대한 의미가 퇴색되기 때문이다. 매매차익보다는 환차익에 더 초점을 맞춘다면 고배당주나 고배당주 ETF가 좋을 듯하다.

해외투자
이 책
한 권으로
끝
챗GPT 수혜주부터,
테슬라, 인디아 펀드,
고배당 ETF까지
이정석의 해외 투자의 정석

CHAPTER

08

해외투자의 세금과 절세 꿀팁

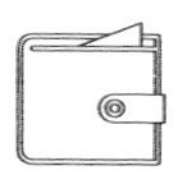

해외투자를 할 때 가장 신경 써야 하는 부분이 환율과 세금이다. 어떤 이는 "해외투자 후 세금 떼고 나면 남는 것이 없다."고 볼멘소리를 하기도 한다. 이런 얘기를 들을 때마다 필자는 "그럼 세금 안 떼고 손실 보실래요? 세금 내더라도 수익 얻고 싶으세요?"라고 물어본다. 물론 국내에 투자한다고 해서 항상 손실이 나고, 해외(주로 미국)에 투자한다고 해서 항상 수익이 난다는 것은 아니다. 다만 여러 가지를 고려했을 때 해외 쪽에 투자하는 것이 수익을 볼 확률이 높을 수 있다는 걸 강조한 것이다. 국민연금도 이런 이유로 해외투자의 비중을 높이고 있다. 이번 기회에 절세 노하우를 잘 알아두면 세금을 적잖이 줄일 수도 있다.

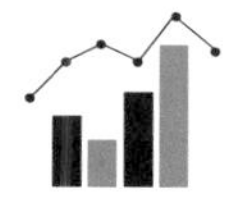

01 해외투자상품에 부과되는 세금

해외투자상품에는 각각 다른 세금이 부과된다. 국내 상장 해외 ETF와 해외펀드에는 배당소득세가, 해외 주식과 해외 상장 ETF, 해외랩 상품 등에는 양도소득세가 부과된다. 이를 표로 나타내면 다음과 같다.

[해외투자상품에 부과되는 세금 비교표]

상품	세목	세율	비고
해외 주식	양도소득세	22.0%	• 연 250만 원 공제 • 배당은 배당소득세
국내 상장 해외 ETF	배당소득세	15.4%	
해외 상장 ETF	양도소득세	22.0%	연 250만 원 공제
해외펀드	배당소득세	15.4%	
ELS	배당소득세	15.4%	해외 지수가 기초자산
랩	양도소득세	22.0%	해외 주식에 주로 투자

흥미로운 점은 국내 상장 해외 ETF는 손익 통산이 되지 않지만 해외 상장 ETF는 손익 통산이 된다는 점이다. 예를 들어 2023년에

A ETF의 실현 수익이 1,000만 원, B ETF의 실현 손실이 −400만 원이라고 하겠다. 손익 통산이 된다는 것은 'A ETF 실현 수익(1,000만 원) − B ETF 실현 손실(400만 원) = 600만 원'의 공식이 성립돼 연간 세금이 부과되는 손익이 600만 원이 된다는 의미다. 이 경우 양도세를 더 줄일 수 있다. 반면 손익 통산이 되지 않는다면 A ETF 매도 시 1,000만 원에 대해 15.4%의 세금이 부과되지만 B ETF 매도 시에는 그냥 손실 확정으로 끝난다는 의미다. 이런 측면에서는 해외 상장 ETF가 더 유리할 수는 있다.

이 외에도 해외 주식의 경우 환차익에 대해 양도세가 부과된다. 해외펀드나 국내 상장 해외 ETF의 경우 환차익에 대해 15.4%의 배당소득세가 부과된다. 다만, 해외 주식의 매도대금 수령 후 환전일 사이 발생한 환차익은 과세대상이 아니다. 즉 해외 주식을 매도한 후 달러를 그냥 보유하면서 환전하지 않은 상태에서 추가적인 환차익이 발생됐다고 하면 이는 과세 대상이 아니라는 것이다.

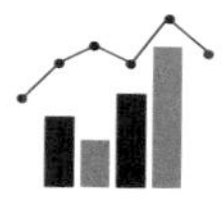

02 해외 주식 투자 시 세금과 절세 방법

매년 연말이 되면 당해 연도의 해외 주식 양도세를 절감하기 위한 여러 팁들이 쏟아져 나온다. 이는 해외 주식 양도세를 내야 하는 5월에도 마찬가지다. 세금을 낸다는 것은 수익이 적잖이 났다는 의미이지만 그래도 수익 난 상황에서 세금을 조금이라도 줄일 수 있다면 금상첨화가 아닐까. 해외 주식 투자 시 절세할 수 있는 방법들을 정리해보았다.

매도 시기 분산

수익이 적잖이 났을 경우 연간 공제금액을 활용해서 매도 시기를 분산해 보자. A주식에 1천만 원 투자해서 현재까지 400만 원의 수익이 나고 있다고 할 경우 한꺼번에 매도하지는 말자. 12월 말에 절반 정도 매도하면 200만 원(실현수익) − 250만 원(공제금액) = −50만 원이 돼서 당해에는 양도세를 내지 않아도 된다. 나머지는 다음 연도에 매도하면 된다. 이런 식으로 연도별로 분산해서 세금을 줄이거나 안 내게 할 수 있다. 다만, 매도 시기를 늦추려고 했다가 수익이 줄거나 오히려 손실 구간으로 들어갈 수도 있으니 이 점에 유념해서 매도 시기를 잡아보는 것이 좋다.

손익 통산 활용

당해 연도 A주식의 실현 양도차익이 500만 원, B주식의 실현 양도차익이 200만 원이었는데 C주식의 현재 평가 손실이 −480만 원이라면 C주식을 매도해 보자. 그러면 당해연도 손익은 500만 원 + 200만 원 − 480만 원 = 220만 원이 되고, 여기서 250만 원을 공제하면 내야 할 세금은 사라진다. 그리고 C주식이 매도하기 아까운 주식이었다고 하면 바로 다시 사면 된다. 사실 C주식이 마음에 들어 손절(손해를 감안하고 매도하는 행위) 할 생각은 없었으나 이런 통산을 활용해서 양도세를 낮추는 전략이다. 연말에 이런 전략을 활용해 보자.

주식 증여

양도 시 그 차익이 클 경우 배우자나 자녀에게 증여할 경우 세금을 절감할 수 있다. 이는 주식을 양수 받은 사람이 주식 매도 시, 그 주식을 양도해 준 사람의 최초 매수 단가가 아니라 주식을 양수 받은 시점의 매수 단가로 차익을 계산한다는 점을 이용한 절세 방법이다.

예를 들어 남편이 D주식을 주당 100달러에 투자했는데 이 주식이 3배 오른 주당 300달러가 됐고, 이때 남편이 배우자에게 증여를 했다고 하면 배우자의 양도세 부과를 위한 매수 단가는 증여일을 기준으로 전후 2개월 동안의 평균가격으로 한다. 만약 전후 2개월 동안 가격 변동이 없었다면 매수 단가는 300달러가 되는 것이고, 만약 배우자가 295달러에 팔았다면 양도세는 부과되지 않는다. 그리고 증여한 금액이 6억 원 이하라면 증여세도 내지 않는다.(최근 10년 이내 증여한 자산이 있다면 그 금액과 합산해서 6억 원 이내여야 함) 배우자간 증여 시 6억 원까지, 성인 자녀 증여 시 5천만 원(미성년 자녀는 2천만 원)까지 증여세 면제이니 추가로 증여세 부담을 지지 않으려면 이 한도 내에서 증여하는 것이 좋다.

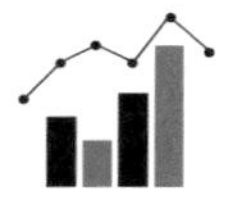

03 해외 간접투자상품 투자 시 세금과 절세 방법

해외펀드와 국내 상장 해외 ETF의 차익에 대해서는 배당소득세(세율 15.4%), 해외 상장 ETF에 대해서는 양도소득세(22%)가 적용된다. '금융소득종합과세'라는 것이 있는데 연간 실현 금융소득(이자소득 + 배당소득)이 2,000만 원을 상회할 경우 종합소득에 합산돼 추가적인 세금을 더 내게 된다.

금융소득종합과세에 해당되면 소득이 올라가 추가 세금 부담이 생길 수 있고, 연간 금융소득이 1,000만 원을 넘어가면 건강보험료가 오를 수도 있다. 또한 5월에 금융소득종합과세를 위한 신고를 해야 하는 번거로움이 있다. 더군다나 ISA(개인종합자산관리) 계좌와 같은 절세계좌에 가입이 안 되거나 이미 가입돼 있다 하더라도 중도 탈락된다. 따라서 아래와 같은 절세 전략이 필요하다.

해외펀드, 국내 상장 해외 ETF의 매도 시점 조절

국내투자상품 중에서 금융소득을 가장 걱정해야 할 게 바로 해외펀드, 국내 상장 해외 ETF, ELS다. 만약 가 씨가 가입한 금융상품이 다음처럼 3개만 있다고 가정해보자.

- A 해외펀드: 2020년에 투자해서 현재 700만 원 수익 중
- B 국내 상장 해외 ETF: 2021년에 투자해서 현재 900만 원 수익 중
- C 정기예금: 2022년 9월에 1년 만기 연 금리 5% 예금에 2억 원 예치

가 씨가 자금이 필요해 2023년 말에 투자상품에서의 전액 또는 일부 현금화를 원한다고 하자. A 해외펀드와 B ETF를 전체 매도하면 2023년 말 금융소득은 1,600만 원이 된다. 그런데 C 정기예금에서 1,000만 원의 이자(금융소득)가 추가로 발생된다. 이 경우 2023년 금융소득은 2,600만 원이 돼서 금융소득종합과세자에 해당된다. 정기예금은 어차피 만기 때 나오는 돈이니 매도를 한다 해도 A 펀드와 B ETF 중 하나만 하든가 아니면 합산 차익이 1,000만 원 이하가 되도록 부분매도 할 필요가 있다.

만약 가 씨가 2023년 말에 현금이 필요하지 않게 됐다면 A 펀드와 B ETF는 보유해도 된다. 이 경우 2023년의 금융소득은 C 정기예금에서 나온 1,000만 원만 있게 된다. 금융소득종합과세는 매도해서 실현하지 않은 소득에 대해서는 세금을 부과하지 않기 때문에 이렇게 추가 세금을 피하면 된다.

절세계좌 활용

현재 국내에서 판매되는 대표적인 절세 관련 계좌는 다음과 같다. 일반 계좌가 아닌 절세계좌들을 잘 활용하면 해외 간접투자상품에서 발생되는 세금을 먼 미래로 이연시키거나 절감시킬 수 있다.

분류	IRP(개인형 퇴직연금)	연금저축	ISA
종류	세액공제	세액공제	비과세
가입자격	소득이 있는 모든 취업자	제한 없음	만 19세 이상 거주자 (소득 무관)
납입한도	연 1,800만 원(연금저축, IRP 합산)		연 2,000만 원 (납입한도 이월 가능)
편입상품	예금, RP, 펀드, ETF, 리츠, 채권, 파생결합증권	펀드, ETF, 리츠	예금, RP, 펀드, ETF, 리츠, 채권, 파생결합증권, 국내상장주식
세제혜택	• 5,500만 원 이하 (종합소득 4,500만 원 이하): 15% 세액공제 • 5,500만 원 초과 (종합소득 4,500만 원 초과): 12% 세액공제		• 연 소득 5,000만 원 (종합소득금액 3,500만 원) 이하: 400만 원 • 연 소득 5,000만 원 (종합소득금액 3,500만 원) 초과: 200만 원 • 초과분은 9.9% 분리과세
의무가입 기간	5년 이상 납입, 연금수령 10년 이상		의무가입 3년 (계약기간 연장, 재가입 허용)

해외펀드나 국내 상장 해외 ETF를 IRP나 연금저축과 같은 절세계좌에 투자해서 투자금을 연금 형태로 수령하게 될 경우 수익금에

대해 15.4%의 세금이 3.3~5.5%의 연금소득세로 대폭 낮아진다. 세금 부과 시점도 연금 수령하는 시기로 미룰 수 있고, 세율도 대폭 떨어진다. 이런 절세 연금 상품에 부과되는 연금소득세는 55세 이상 70세 미만은 5.5%, 70세 이상 80세 미만은 4.4%, 80세 이상은 3.3%가 부과된다.

ISA의 경우에도 계좌 내에서 해외펀드나 국내 상장 해외 ETF, 국내 고배당주(배당소득)를 통해 발생된 수익이 200만 원 또는 400만 원까지 비과세 되고, 초과분은 분리과세(종합소득에 합산하지 않고 분리하여 과세해 납세 의무를 종결하는 것) 돼서 금융소득종합과세 걱정을 피할 수 있다.

일반 계좌에서 해외펀드와 국내 상장 해외 ETF에 투자했을 때 발생되는 금융소득 때문에 금융소득종합과세가 걱정된다면 해외 주식이나 해외 상장 ETF에 투자하는 것도 방법이다. 해외 주식과 해외 상장 ETF에서 발생되는 수익에 대해서는 양도소득세가 부과되는데 양도소득은 분류과세가 돼서 종합소득에 합산되지 않기 때문이다. 분류과세란 종합과세와 완전히 분류돼서 별도 항목으로 계산하는 소득세 계산 체계로 양도세 외에도 퇴직소득세가 있다. 이런 투자 방법은 주로 종합소득이 높아 추가 세금에 대해 부담감을 갖는 투자자들에게 어울리는 부분이다.

해외투자
이 책
한 권으로
끝
챗GPT 수혜주부터,
테슬라, 인디아 펀드,
고배당 ETF까지
이정석의 해외 투자의 정석

CHAPTER

09

세대별 해외투자 전략 및 포트폴리오

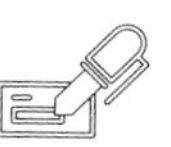

지금까지 해외투자 종류, 방법, 유의사항과 세금 그리고 꿀팁 등을 살펴보았다. 그렇다면 이쯤에서 자연스럽게 '그래서 어디에 투자하라는 것이지?' 라는 궁금증이 생길 것이다. 여유자금이 있다면 어디에 투자하는 것이 좋은지, 또한 미래의 종잣돈을 만들기 위해 매월 특정금액을 불입한다면 어디에 투자하는 것이 좋은지에 대한 아이디어를 세대별로 나눠서 제공하고자 한다. 세대별로 자금 상황이나 투자 성향, 투자 목적이 다를 수 있기 때문이다.

세대별 해외투자 전략은 어쩌면 이 책에서 가장 핵심적인 부분이 될 수도 있다. 해외투자를 본격적으로 하고자 한다면 이번 장을 잘 읽어보자. 다만 상품 선정에 있어 다소 필자의 주관적인 요소가 가미돼 있으니 본인 스스로 충분히 알아보고 포트폴리오를 구성할 것을 권한다.

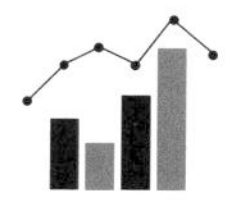

01 자녀의 미래를 위한 해외투자 포트폴리오

갈수록 출산율은 줄어든다 해도 자녀 사랑은 여전하다. 오히려 자녀 수가 적을수록 자녀를 위한 투자는 아끼지 않는 분위기다. 자녀를 위한 투자는 실제 금융 쪽에서 매우 흔한 일이며, 금융회사에는 자녀를 위해 어떤 상품에 가입하는 것이 좋은지에 대한 문의가 빈번하다.

10~20년 전에는 자녀들의 미래를 위해 교육보험이나 어린이 변액보험, 청약저축을 많이 가입했었다. 그러다 10여 년 전부터 수익성을 고려해 주식과 펀드 쪽으로 자녀 목돈 마련을 위한 수요가 이동하기 시작했다. 그리고 주식과 펀드 중에서도 해외상품 쪽으로 많이 이전하는 분위기다.

자녀용 목돈 마련이라고 하면 보통은 초·중·고등학교 때의 학원비나 대학교 입학 후의 목돈(입학금 등), 또는 유학비 마련을 의미한다. 심지어는 자녀 결혼자금이 될 수도 있다. 이는 곧 당장 1~2년 후에 써야 할 돈이 아닌 수 년 또는 10년 후에 써야 할 돈이다. 그렇기 때문에 안정성보다는 수익성에 초점을 더 맞추는 것이 좋고, 향후 유망하면서도 과거에 검증된 상품들을 골라 자녀의 미래에 대비할 것을 권한다.

성장성과 수익성이 최고!

자녀의 먼 미래를 위해 상품에 가입한다고 하면 성장성이 높아 주가 상승의 폭이 클 것으로 기대되는 종목이나 상품 위주로 포트폴리오를 구성하면 된다. 다만 기대수익률이 높은 만큼 변동성이 커서 하락장에서는 적지 않은 하락을 할 수 있다는 점은 염두에 둬야 한다.

[해외 주식(2023년 5월 20일 기준)]

기업명	섹터	주당 주가	추천 이유
테슬라(미국)	임의 소비재	180.1달러	성장성 높은 전기차 부문의 대표 기업
엔비디아(미국)	IT	312.6달러	빅테크 기업의 AI 경쟁의 최고 수혜주
마이크로소프트(미국)	IT	318.3달러	챗GPT와 클라우드 성장속도가 빠른 기업
애플(미국)	IT	175.2달러	충성도 높은 기업들이 많은 전 세계 1등 기업
알파벳(미국)	IT	122.8달러	구글의 지주회사, 유튜브, 안드로이드
조에티스(미국)	헬스케어	179.6달러	전 세계 동물 의약품 1위 기업
써모피셔 사이언티픽(미국)	헬스케어	527.4달러	성장성 높은 생명공학의 글로벌 기업
넥스트에라에너지(미국)	유틸리티	74.5달러	미국 최대 신재생에너지 기업

AMD(미국)	IT	105.8달러	GPU와 함께 CPU도 개발. 시장이 확대되는 GPU 분야에서 주가 폭등한 엔비디아의 대안
인튜이티브 서지컬(미국)	헬스케어	313.6달러	전 세계 최대 수술로봇(다빈치) 생산 기업
프로로지스(미국)	부동산	123.1달러	글로벌 1위 물류 리츠 기업
웨이스트 매니지먼트(미국)	산업재	165.4달러	미국 폐기물 처리 1위 기업
팔로알토 네트웍스(미국)	IT	188.7달러	글로벌 사이버보안 기업으로 사이버보안에 대한 수요 점증할 것으로 기대됨
TSMC(대만)	IT	92.6달러 (ADR)	전 세계 반도체 파운드리(위탁생산) 1위 기업
CATL(중국)	2차전지	230.0위안	전 세계 2차전지 1위 기업
BYD (중국)	자동차, 2차전지	259.2위안	전 세계 전기차 생산 2위, 2차전지 생산 3위 기업
키엔스(일본)	산업재	69,260엔	글로벌 센서 · 자동화기기 기업으로 일본 내 시가총액 2위
ASML(네덜란드)	IT	643.4유로	반도체 EUV(극자외선) 노광장비 독점 기업
지멘스(독일)	산업재	159.8유로	유럽 최대 엔지니어링 회사로 로보틱스, 철도, 에너지, 의료 등 다양한 산업 진행
포르쉐(독일)	자동차	53.7유로	부익부 빈익빈 현상 심화로 럭셔리카 수요 점증할 것으로 기대됨
노보노디스크(덴마크)	헬스케어	170.5달러 (ADR)	당뇨와 비만치료제로 글로벌 제약사 시가총액 3위에 오름. 덴마크 시총 1위

삼정KPMG가 2022년 발간한 보고서에 따르면 글로벌 전기차 시장은 2019년부터 2021년까지 3년간 매년 평균 65.3%씩 성장했고, 2019년부터 2030년까지 연평균 37%씩 성장할 것으로 전망하고 있

다. 그리고 이 고도성장 분야의 1위 회사가 바로 테슬라다. 또한 국내 서학개미들이 가장 많이 투자하고 있는 종목도 테슬라다. 엔비디아는 향후 성장성 높은 인공지능, 자율주행, 데이터베이스센터 등에 GPU 칩을 많이 생산하고 있어 대표적인 성장주로 손 꼽힌다. 마이크로소프트가 최근 주력으로 밀고 있는 클라우드, 인공지능 분야도 성장성 하면 둘째 가라면 서러워할 분야다. 이처럼 자녀들의 미래를 위해 향후 성장 가능성이 높아 보이는 분야의 대장주에 투자해보면 좋을 듯하다.

[해외펀드]

- **피델리티글로벌테크놀로지증권자투자신탁(주식-재간접형)**: 삼성전자, 애플, MS 등 전 세계 주요 테크놀로지 기업들
- **AB미국그로스증권투자신탁(주식-재간접형)**: MS, 비자, 알파벳(구글 지주회사) 등 미국 내 성장성 높은 기업들
- **한국투자글로벌전기차&배터리증권투자신탁(주식)**: 테슬라, 삼성SDI, GM 등 전 세계 전기차, 2차전지, 자율주행 관련 기업들
- **삼성픽테로보틱스증권자투자신탁H(주식-재간접형)**: 지멘스, 알파벳 등 글로벌 로보틱스 관련 기업들
- **미래에셋인도중소형포커스증권자투자신탁(주식)**: 인도의 성장성 높은 중소기업들
- **미래에셋라틴인덱스증권투자신탁(주식)**: 천연자원 풍부한 남미의 원자재 기업들
- **알파글로벌신재생에너지증권자투자신탁(주식)**: 전 세계 신재생에너지 기업들

[해외 상장 ETF]

- SMH ETF(VanEck Semiconductor): 미국 주식시장에 상장된 25개 반도체 기업들
- DRIV ETF(Global X Autonomous & Electric Vehicles): 전 세계 전기차, 자율주행 기업
- LIT ETF(Global X Lithium & Battery Tech): 전 세계 2차전지, 리튬·원자재, 전기차 기업
- ICLN ETF(iShares Global Clean Energy): 전 세계 친환경 기업

[국내 상장 해외 ETF]

- TIGER 차이나전기차SOLACTIVE ETF: 중국 전기차, 2차전지, 원자재 기업
- TIGER 미국필라델피아반도체나스닥 ETF: 미국 주식시장에 상장된 30개 반도체 기업
- TIGER 미국테크TOP10 INDXX ETF: 미국의 대표 10개 빅테크 기업

친숙함이 최고!

우리가 일상생활에서 쉽게 접하는 브랜드의 기업에 투자하는 접근 방식이다. 이런 기업들의 주식을 자녀 명의로 매수한 후 자녀에게 "딸이 우리가 운동할 때마다 신는 신발인 나이키의 주주란다.", 또는 "아들이 엄마가 커피 마시러 자주 가는 스타벅스의 주식 10주를 가지고 있단다."라고 해보자. 그러면 자녀에게 뭔가 소중한 선물을 해준 느낌이 들 것이다. 다만 친숙함이란 다소 주관적일 수 있으니 각자의 기호에 맞게 고르면 된다.

[자녀에게 친숙함을 줄 수 있는 기업(5월 20일 기준)]

기업명	섹터	주당 주가	자녀에게 친숙한 브랜드, 제품군
월트디즈니(미국)	임의 소비재	91.4달러	디즈니랜드, 디즈니플러스
나이키(미국)	임의 소비재	114.8달러	신발, 의류 등
스타벅스(미국)	임의 소비재	105.5달러	전 세계 1위 커피 체인점
존슨앤존슨(미국)	헬스케어	158.9달러	존슨앤존슨, 뉴트로지나
애플(미국)	IT	175.2달러	아이폰, 아이패드
알파벳(미국)	IT	122.8달러	구글, 유튜브, 안드로이드, 크롬
메타플랫폼스(미국)	임의 소비재	245.6달러	인스타그램, 페이스북
코카콜라(미국)	필수 소비재	62.8달러	코카콜라, 스프라이트, 환타
맥도날드(미국)	임의 소비재	295.6달러	전 세계 1위 햄버거 기업
아디다스(독일)	임의 소비재	159.0유로	신발, 의류 등
유니레버(영국)	필수 소비재	53.3유로	바세린, 도브, 립톤 등

월트디즈니는 겨울왕국, 알라딘, 라이온킹, 토이스토리 등 미성년 자녀들에게 친숙한 만화영화를 많이 출시한 회사다. 또한 엘사, 미키마우스, 올라프 등 아이들에게 친숙한 브랜드도 다량 보유하고 있다. 자녀의 성장과 함께 자녀에게 친숙한 월트디즈니의 주가도 오를 수 있다면 금상첨화겠다. 나이키와 아디다스 등은 자녀들도 많이 입고 신는 스포츠 브랜드이고, 전 세계 1위 커피 프랜차이즈인 스타벅스에 부모들의 손을 잡고 들어가서 음료수를 자주 마셨을 것이다.

자녀들을 위한 투자 효과

자녀 명의로 해외투자상품에 투자할 경우 얻을 수 있는 가장 큰 효과는 자녀의 경제 지식 함양이다. 어떤 투자도 하지 않은 채 주식과 경제에 대해 얘기하면 자녀들이 관심이 없지만 투자한 사실을 알린 후 주식·주주에 대한 기본적인 설명뿐만 아니라 국내외 경제 상황에 대한 설명을 하면 집중도가 높아진다. 초등학생 이상이 되면 해당 주식(또는 펀드·ETF)가 미래에 자신의 것이 된다는 것을 알기 때문이다.

학업에 좋은 동기 부여가 될 수도 있다. 가끔 중간고사에서 좋은 결과가 나오면 아이폰을 사주겠다고 약속을 하는 부모들도 있다고 한다. 이처럼 원하는 대학교에 입학하면 애플 주식 몇 십 주를 주겠다고 약속하면 자녀에게는 동기 부여가 될 수도 있다. 또한 부모 사랑도 확인할 수 있다. 대학 입학 후 그동안 투자했던 해외투자상품을 자녀에게 넘기면 최고의 입학 선물이 될 수 있다.

직장인들은 이미 해외투자에 입문한 사람들이 많지만 자녀의 경우 상대적으로 입문자가 적으니 자녀의 미래를 위해 부모가 미리 챙겨주는 지혜를 발휘해보자.

관련 세금

자녀에게 현금이나 주식 증여를 할 때 미성년자의 경우 증여세 면제 한도는 최근 10년간 2천만 원, 성년의 경우 최근 10년간 5천만 원이다. 즉, 초등학생 자녀에게 최근 10년간 2천만 원 이상의 현금과 주식을 증여했다면 증여세 신고를 하고 증여세를 납부해야 한다.

[미성년 자녀를 위한 투자 전략]

- 안정성보다는 수익성에 초점 맞추자
- 자녀들이 친숙함을 느낄 수 있는 종목과 경제 공부가 될 수 있는 종목을 고르자
- 10년 이내 2천만 원까지만 증여하자

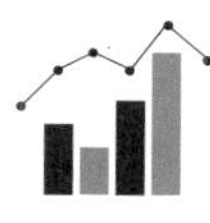

02 직장인과 개인사업자를 위한 해외투자 포트폴리오

직장인과 개인사업자라고 하면 나이대가 워낙 넓지만 20대에서 50대 초중반까지로 가정하겠다. 매월 고정적인 수입이 들어오면 기본적으로 안정성보다는 수익성에 더 초점을 맞출 것을 권한다. 투자에서 손실이 난다 해도 매월 들어오는 소득에서 어느 정도 만회가 될 수 있기 때문이다. 수익성에 초점을 맞춘다고 하면 성장성이 높은 분야인 IT나 4차산업혁명, 전기차·2차전지, 친환경, 바이오 분야에 투자해보자.

물론 매월 소득이 들어온다고 해서 꼭 수익성에 초점을 맞춰야 될 이유는 없다. 안정성 위주로 포트폴리오를 짜도 되고, 안정성과 수익성의 비중을 5:5 또는 6:4나 4:6의 비중으로 가져가도 된다. 포트폴리오는 어디까지나 자신의 투자 성향에 맞게 짜는 것이 가장 중요하다.

수익성 있는 포트폴리오는 자녀를 위한 성장성 있는 포트폴리오 부분과 거의 비슷하다. 또한 안정성 있는 포트폴리오와 월 지급식 포트폴리오를 원하면 '03 은퇴예정자 및 은퇴자를 위한 해외투자 포트폴리오'를 참조하면 된다.

목돈 마련이 목적이라면 펀드나 ETF 등에 적립식 약정을 해서 매월 일정금액을 불입하면 되고, 자산 증식이 목적이라면 펀드나 주식, ETF 등에 일정금액을 한꺼번에 또는 분할매수로 투자하면 된다.

수익성에 초점을 맞춘 포트폴리오

성장성 측면에서는 5장에서 언급했듯이 단연 전기차·2차전지, AI, 로봇 분야가 돋보인다. 자녀를 위한 포트폴리오에서도 설명했듯이 향후 괜찮은 수익을 내고자 한다면 이런 성장성 높은 분야의 대장주나 펀드, ETF 등에 투자해보자.

[해외 주식(2023년 5월 20일 기준)]

기업명	섹터	주당 주가	추천 이유
테슬라(미국)	임의 소비재	180.1달러	성장성 높은 전기차 부문의 대표 기업
엔비디아(미국)	IT	312.6달러	빅테크 기업의 AI 경쟁의 최고 수혜주
마이크로소프트(미국)	IT	318.3달러	챗GPT와 클라우드 성장속도가 빠른 기업
애플(미국)	IT	175.2달러	충성도 높은 기업들이 많은 전 세계 1등 기업
알파벳(미국)	IT	122.8달러	구글의 지주회사, 유튜브, 안드로이드

조에티스(미국)	헬스케어	179.6달러	전 세계 동물 의약품 1위 기업
써모피셔 사이언티픽(미국)	헬스케어	527.4달러	성장성 높은 생명공학의 글로벌 기업
넥스트에라에너지(미국)	유틸리티	74.5달러	미국 최대 신재생에너지 기업
AMD(미국)	IT	105.8달러	GPU와 함께 CPU도 개발. 시장이 확대되는 GPU 분야에서 주가 폭등한 엔비디아의 대안
인튜이티브 서지컬(미국)	헬스케어	313.6달러	전 세계 최대 수술로봇(다빈치) 생산 기업
프로로지스(미국)	부동산	123.1달러	글로벌 1위 물류 리츠 기업
웨이스트 매니지먼트(미국)	산업재	165.4달러	미국 폐기물 처리 1위 기업
팔로알토 네트웍스(미국)	IT	188.7달러	글로벌 사이버보안 기업으로 사이버보안에 대한 수요 점증할 것으로 기대됨
TSMC(대만)	IT	92.6달러 (ADR)	전 세계 반도체 파운드리(위탁생산) 1위 기업
CATL(중국)	2차전지	230.0위안	전 세계 2차전지 1위 기업
BYD (중국)	자동차, 2차전지	259.2위안	전 세계 전기차 생산 2위, 2차전지 생산 3위 기업
키엔스(일본)	산업재	69,260엔	글로벌 센서 · 자동화기기 기업으로 일본 내 시가총액 2위
ASML(네덜란드)	IT	643.4유로	반도체 EUV(극자외선) 노광장비 독점 기업
지멘스(독일)	산업재	159.8유로	유럽 최대 엔지니어링 회사로 로보틱스, 철도, 에너지, 의료 등 다양한 산업 진행
포르쉐(독일)	자동차	53.7유로	부익부 빈익빈 현상 심화로 럭셔리카 수요 점증할 것으로 기대됨
노보노디스크(덴마크)	헬스케어	170.5달러 (ADR)	당뇨와 비만치료제로 글로벌 제약사 시가총액 3위에 오름. 덴마크 시총 1위

[해외펀드]

- **피델리티글로벌테크놀로지증권자투자신탁(주식-재간접형)**: 삼성전자, 애플, MS 등 전 세계 주요 테크놀로지 기업들
- **AB미국그로스증권투자신탁(주식-재간접형)**: MS, 비자, 알파벳(구글 지주회사) 등 미국 내 성장성 높은 기업들
- **한국투자글로벌전기차&배터리증권투자신탁(주식)**: 테슬라, 삼성SDI, GM 등 전 세계 전기차, 2차전지, 자율주행 관련 기업들
- **삼성픽테로보틱스증권자투자신탁H(주식-재간접형)**: 지멘스, 알파벳 등 글로벌 로보틱스 관련 기업들
- **미래에셋인도중소형포커스증권자투자신탁(주식)**: 인도의 성장성 높은 중소기업들
- **미래에셋라틴인덱스증권투자신탁(주식)**: 천연자원 풍부한 남미의 원자재 기업들
- **알파글로벌신재생에너지증권자투자신탁(주식)**: 전 세계 신재생에너지 기업들

[해외 상장 ETF]

- **SMH ETF(VanEck Semiconductor)**: 미국 주식시장에 상장된 25개 반도체 기업들
- **DRIV ETF(Global X Autonomous & Electric Vehicles)**: 전 세계 전기차, 자율주행 기업
- **LIT ETF(Global X Lithium & Battery Tech)**: 전 세계 2차전지, 리튬 · 원자재, 전기차 기업
- **ICLN ETF(iShares Global Clean Energy)**: 전 세계 친환경 기업

[국내 상장 해외 ETF]

- TIGER 차이나전기차SOLACTIVE ETF: 중국 전기차, 2차전지, 원자재 기업
- TIGER 미국필라델피아반도체나스닥 ETF: 미국 주식시장에 상장된 30개 반도체 기업
- TIGER 미국테크TOP10 INDXX ETF: 미국의 대표 10개 빅테크 기업

안정성에 초점을 맞춘 포트폴리오

정기예금보다는 수익률이 높되 너무 변동성이 크지 않은 상품들에 투자하려는 사람들에게 어울리는 포트폴리오다. 물가상승률만도 못한 예금에 많은 돈을 넣어봐야 자산 증식에는 도움이 안 되지만 그렇다고 위험한 투자상품에는 많은 돈을 넣고 싶지 않은 투자자에게 어필할 수 있을만한 포트폴리오다. 다만 비교적 안정적인 투자상품이라 하더라도 어디까지나 투자이기 때문에 원금 손실 가능성은 상존한다는 점은 유념해 둬야 한다. 다음은 비교적 변동성 적게 꾸준히 상승해 왔고, 앞으로도 그럴 가능성이 있는 종목들이다.

[해외 주식(5월 20일 기준)]

기업명	섹터	주당 주가	추천 이유
버크셔 해서웨이(미국)	금융	507,161.0달러	투자의 대가 워런 버핏의 탁월한 투자 능력
존슨앤존슨(미국)	헬스케어	158.9달러	60년 연속 배당금 증가, 비교적 안정적 주가 흐름
비자(미국)	금융	233.3달러	전 세계 1위 신용카드회사이자 꾸준한 주가 상승

코카콜라(미국)	필수 소비재	62.8달러	60년 이상 배당금 증가, 버핏이 선호하는 주식
맥도날드	임의 소비재	295.6달러	전 세계적으로 햄버거에 대한 수요는 끊이지 않음
JP모건체이스(미국)	금융	139.2달러	미국 시가총액 1위의 투자은행
P&G	필수 소비재	153.2달러	배당금을 50년 이상 늘려온 대표적인 글로벌 생활용품 기업
코스트코 홀세일(미국)	임의 소비재	496.5달러	글로벌 창고형 대형마트, 연 멤버십 갱신률 90%에 이르는 충성도 높은 고객층 다수 보유
스타벅스(미국)	임의 소비재	105.5달러	커피 프랜차이즈 전 세계 1위 기업
캐터필러(미국)	산업재	214.8달러	세계 최대 건설장비 제조 기업
부킹홀딩스(미국)	임의 소비재	2,765.3달러	글로벌 1위 온라인 여행사로 아고다, 부킹닷컴 브랜드 보유
LVMH(프랑스)	의류, 화장품	874.3유로	꾸준히 안정적으로 성장하는 전 세계 럭셔리 시장의 최대 수혜주
유니레버(영국)	필수 소비재	53.3유로	바세린, 도브, 립톤 등으로 꾸준한 매출, 이익 창출
SAP(독일)	IT	124.5유로	전 세계 최대 ERP 시스템 1위 기업
네슬레(스위스)	필수 소비재	113.8유로	세계적 식품기업으로 네스카페, 돌체구스토, 마일로 등의 브랜드 보유

세계 최고의 투자자 중 한 명인 워런 버핏이 이끄는 버크셔 해서웨이는 버핏의 투자 철학이 녹아들어가면서 수십 년간 꾸준한 수익을 내오고 있다. 2020년 대세상승장 때 거의 수익을 내지 못하는 바람에 1930년생의 고령의 나이로 인해 투자 감각을 잃어가고 있다는 비판을 받았으나 2021년에 이 회사는 33%의 수익을 냈고, 증시 암흑기였던 2022년에도 7%의 수익률을 내면서 다시 한 번 안정적인 수익의 대명사로 떠올랐다. 존슨앤존슨은 제약, 의료기기, 소비재 등

의 다양한 사업 파이프라인을 구축하면서 매출과 이익 면에서 꾸준한 성장을 일궈내고 있다. 또한 배당금을 60년 연속 올리면서 대표적인 주주친화기업으로 자리잡고 있다. 전 세계 신용카드 1위 회사 비자도 2022년 하락장에서 −5% 하락이라는 괜찮은 방어력을 보였고, 2008년 이후 15년 연속 배당금을 늘려오고 있다.

[해외펀드]

- 한화글로벌헬스케어증권자투자신탁(주식): 전 세계 주요 헬스케어 기업
- 피델리티글로벌배당인컴증권자투자신탁(주식-재간접형): 전 세계 주요 고배당 기업
- 신한누버거버먼미국가치주증권투자신탁(주식-재간접형): 안정적인 주가 흐름 보인 미국의 가치주

[해외 상장 ETF]

- XLV ETF(Health Care Select Sector SPDR): 전 세계 주요 헬스케어 기업
- DIA ETF(SPDR Dow Jones Industrial Average ETF Trust): 다우존스 30 지수에 속한 기업
- SPHD ETF(Invesco S&P 500 High Dividend Low Volatility): 변동성 낮고 배당 많이 주는 기업

이들 간접투자상품 중에서 미국 다우존스30 지수에 투자하는 DIA ETF는 1975년 이후 연평균 9%라는 꾸준한 수익을 올리고 있다. 애플, 마이크로소프트 등의 성장성 높은 기업뿐만 아니라 비자, 존슨

앤존슨, 코카콜라, P&G 등 안정적인 기업들도 다수 포진돼 있어 오랫동안 믿고 맡길만한 투자상품으로 자리매김하고 있다.

[직장인과 개인사업자를 위한 투자 전략]

- 수익성에 더 무게를 두는 것이 좋으나 본인 투자 성향에 맞춰 자산 배분하자
- 목돈 마련 위한 적립식과 목돈 증식을 위한 거치식 투자를 병행하자
- 효과적인 자산 증식을 위해서는 해외투자의 비중을 높이자

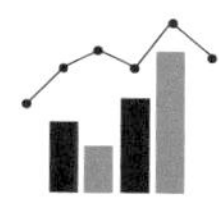

03 은퇴예정자 및 은퇴자를 위한 해외투자 포트폴리오

은퇴 연령은 개인마다 다르지만 이 책에서는 50대 중반부터로 가정하겠다. 기본적으로 50대 중반 이후부터는 투자 성향이 많이 보수화된다. 공격적으로 운용했다가 손실이 커지면 향후 일할 수 있는 기간도 많지 않은 데다 수입도 줄어들 가능성이 있어 만회하는 데 시간이 오래 걸릴 수 있기 때문에 보수적으로 변하는 시기다.

지금까지 벌었던 것을 지키기 위한 안정성 있는 포트폴리오를 선호하고, 은퇴 후 평생 생활비가 나올 수 있는 플랜을 선호한다. 이때쯤 되면 기대수익률에 대한 눈높이도 많이 낮아져 보편적으로는 연 4~6% 정도에 눈높이를 맞추려고 한다. 그래서 예금이나 채권, 부동산 등 안전자산의 비중을 높이고, 그 외의 돈으로 주식·펀드·ETF에 투자하려는 경향이 강한 편이다. 따라서 해외투자 포트폴리오도 수익성 부분의 비중은 낮추고, 비교적 꾸준했거나 상대적으로 안정적인 상품들의 비중을 높일 것을 고려해보자.

또한 은퇴 후에는 고정적인 수입에 대한 갈망이 크다. 이런 고정적인 수입을 금융상품을 통해 얻게 된다면 더할 나위 없겠다. 따라서 매월 또는 분기별 배당이 나오는 상품들을 잘 골라 투자해보면 마르지 않는 수입이 오랫동안 창출돼 은퇴 후가 여유로울 수도 있다. 이 나이대에는 오랜 기간 월정액을 불입하기는 쉽지 않으니 적립식 약정은 의미가 없다.

안정성에 초점을 맞춘 포트폴리오

은퇴예정자나 은퇴자들은 눈높이를 낮추고 지금까지 일궈온 자산을 안정적으로 운용하는 데 초점을 맞출 필요가 있다. 그래서 비교적 안정적인 포트폴리오의 비중을 높일 필요가 있다. 직장인의 재테크에 도움이 되는 안정적인 대표적인 해외 주식 종목으로는 버크셔 해서웨이와 존슨앤존슨, 비자, 코카콜라, 코스트코 홀세일 등이 있다.

[해외 주식(5월 20일 기준)]

기업명	섹터	주당 주가	추천 이유
버크셔 해서웨이(미국)	금융	507,161.0달러	투자의 대가 워런 버핏의 탁월한 투자 능력
존슨앤존슨(미국)	헬스케어	158.9달러	60년 연속 배당금 증가, 비교적 안정적 주가 흐름
비자(미국)	금융	233.3달러	전 세계 1위 신용카드회사이자 꾸준한 주가 상승
코카콜라(미국)	필수 소비재	62.8달러	60년 이상 배당금 증가, 버핏이 선호하는 주식

맥도날드	임의 소비재	295.6달러	전 세계적으로 햄버거에 대한 수요는 끊이지 않음
JP모건체이스(미국)	금융	139.2달러	미국 시가총액 1위의 투자은행
P&G	필수 소비재	153.2달러	배당금을 50년 이상 늘려온 대표적인 글로벌 생활용품 기업
코스트코 홀세일(미국)	임의 소비재	496.5달러	글로벌 창고형 대형마트. 연 멤버십 갱신률 90%에 이르는 충성도 높은 고객층 다수 보유
스타벅스(미국)	임의 소비재	105.5달러	커피 프랜차이즈 전 세계 1위 기업
캐터필러(미국)	산업재	214.8달러	세계 최대 건설장비 제조 기업
부킹홀딩스(미국)	임의 소비재	2,765.3달러	글로벌 1위 온라인 여행사로 아고다, 부킹닷컴 브랜드 보유
LVMH(프랑스)	의류, 화장품	874.3유로	꾸준히 안정적으로 성장하는 전 세계 럭셔리 시장의 최대 수혜주
유니레버(영국)	필수 소비재	53.3유로	바세린, 도브, 립톤 등으로 꾸준한 매출, 이익 창출
SAP(독일)	IT	124.5유로	전 세계 최대 ERP 시스템 1위 기업
네슬레(스위스)	필수 소비재	113.8유로	세계적 식품기업으로 네스카페, 돌체 구스토, 마일로 등의 브랜드 보유

[해외펀드]

- 한화글로벌헬스케어증권자투자신탁(주식): 전 세계 주요 헬스케어 기업
- 피델리티글로벌배당인컴증권자투자신탁(주식-재간접형): 전 세계 주요 고배당 기업
- 신한누버거버먼미국가치주증권투자신탁(주식-재간접형): 안정적인 주가 흐름 보인 미국의 가치주

[해외 상장 ETF]

- XLV ETF(Health Care Select Sector SPDR): 전 세계 주요 헬스케어 기업
- DIA ETF(SPDR Dow Jones Industrial Average ETF Trust): 다우존스 30 지수에 속한 기업
- TLT ETF(iShares 20+ Year Treasury Bond): 미 국채 20년물
- VNQ ETF(Vanguard Real Estate Index Fund ETF Shares): 미국 상업용 부동산 기업

월 지급식 포트폴리오

은퇴한 사람들의 가장 큰 needs(니즈) 중 하나는 꾸준한 생활비의 생성이다. 일을 통해서 수입을 계속 창출하면 좋겠으나 현실적으로 쉽지는 않다. 이런 고민에 대한 답을 해외투자에서 찾아보면 어떨까. 해외 ETF 중에는 배당을 매월 지급해주는 상품들이 꽤 많다. 연금과 수익형부동산의 월세에서 부족한 부분을 이런 월 지급식 금융상품으로 충당하는 것도 괜찮은 은퇴설계 방법 중 하나일 것이다. 다만 월 배당 해외투자상품들은 예금이나 채권만큼 안정적인 상품은 아니니 비중을 높이 잡지는 말자.

분류	티커 · 코드	full name	내용
ETF	JEPI	JPMorgan Equity Premium Income ETF	분배율 11.30%
ETF	DJIA	Global X Dow 30 Covered Call ETF	분배율 9.96%
ETF	245340	TIGER 미국다우존스30	다우존스 지수 내 30개 기업
ETF	433330	SOL 미국S&P500	국내 최초의 월 배당 ETF

[은퇴예정자 및 은퇴자를 위한 투자 전략]

- 자산을 지키기 위해 비교적 안정적인 포트폴리오를 구축하자
- 생활비, 은퇴후 자금을 위한 월 배당 ETF 등 월 지급식 상품 비중 높이자
- 자산 규모를 지키기 위한 절세 전략에도 관심을 가져보자

해외투자
이 책
한 권으로
끝
챗GPT 수혜주부터,
테슬라, 인디아 펀드,
고배당 ETF까지
%
이정석의 해외 투자의 정석

CHAPTER

10

해외투자에 도움되는 방송, 사이트

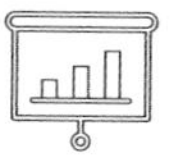

해외투자를 하려고 하면 막상 정보를 얻기가 어렵다고 한다. 국내 주식 및 국내 투자는 정보가 방대한 반면 해외투자는 관련 정보도 적고, 정보의 적정성 여부도 판단하기가 쉽지 않다. 그러나 잘 찾아보면 해외투자 관련 꿀 같은 정보들을 얻을 수 있는 사이트들이 적지 않다. 투자도 결국 정보력 싸움이다.

해외투자를 하는 데 있어 무엇보다도 투자자들이 갈급해 하는 부분이 바로 관련 정보가 아닐 수 없다. 최근 국내 방송이나 유튜브 채널 등에서는 이러한 국내투자자들의 관련 정보 확보에 도움이 되는 해외투자 정보를 다양한 방식으로 소개하고 있다. 이에 이 장에서는 해외투자자들에게 도움이 될만한 방송과 인터넷 카페, 사이트들을 알려주려고 한다. 물론 필자도 이곳에서 많은 정보를 얻은 후 투자 결정에 참고를 하고 있다.

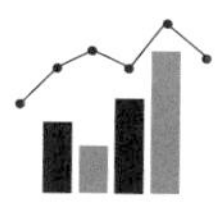

01 이항영의 월가이드(해외 주식 전문 방송)

〈머니투데이〉 전문위원인 이항영 교수가 증권방송 〈MTN〉을 통해 매일 아침 6시 30분께 약 15분간 진행하는 해외 주식 전문 방송이다. 미국 주식 얘기가 주를 이루며 유럽 주식도 간간히 소개된다. 전날 이슈가 됐던 종목 3개를 분석하고, 이항영 교수 특유의 식견과 정보가 담긴 인사이트도 들을 수 있다. 이 방송은 유튜브를 통해서도 시청이 가능하다. 대우경제연구소 연구위원과 모 증권사 투자정보부 부장 출신인 이항영 위원은 미국 주식 관련 책도 출간했으며, 현재 유튜브에서 미국 주식 방송도 활발히 진행 중이다.

[이항영의 월가이드 인트로 화면]

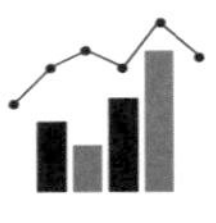

02 매경 월가월부(해외 주식 전문 방송)

〈매일경제TV〉에서 진행하는 미국 주식, 해외 주식 전문 방송으로 유튜브에서도 쉽게 찾아볼 수 있다. 미국에서 근무 중인 여러 매일경제 특파원들이 현지의 생생한 소식을 전해주고 있다. 평일 저녁에는 미국 정규시장이 열리기 전의 프리마켓 시황과 유럽 시황을 소개하고, 아침에는 미국 주식시장 마감 시황과 종목 뉴스, 증권 관련 여러 뉴스와 정보들을 알려준다. 하루에도 여러 개의 해외 주식 관련 방송 코너가 진행되며, 방송당 진행시간도 40분 내외일 만큼 꽤 많은 정보량을 자랑한다. 미국 중앙은행이 FOMC(연방공개시장위원회)를 열어 금리를 발표할 때는 관련 내용을 생중계로 시청자들에게 알려주곤 한다.

[매경 월가월부 초기 화면]

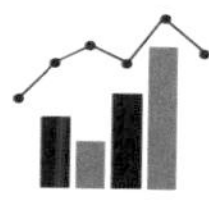

03 미국 주식이 미래다(미국 주식 전문 카페)

가입회원 수 30만 명 이상의 대형 인터넷 카페(https://cafe.naver.com/likeusstock)로 미국 주식 뉴스, 실적, 분석, 포트폴리오 등의 정보가 가득 담긴 곳이다. 미국 주식시장 개장 전과 개장 이후에는 미국 주식 관련해 엄청나게 많은 글과 의견들이 올라오며, 자신의 미국 주식 포트폴리오에 대해서도 서로 왕성하게 의견을 주고 받기도 한다. 다수의 유료 구독자를 보유하면서 미국 주식에 대해 심층적인 분석자료를 제공하고 있는 '미국 주식사관학교'의 콘텐츠도 이 카페에 입점해 있다.

[미국 주식이 미래다 초기화면]

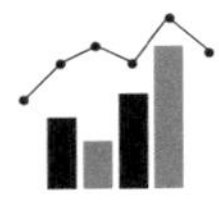

04 etf.com(ETF 분석 전문 사이트)

전 세계 ETF 투자자들에게는 성지와도 같은 사이트(www.etf.com)로, 미국 주식시장에 상장돼 있는 ETF의 관련 정보가 총망라돼 있는 곳이다. ETF의 상장 시기, 운용 규모, 수수료, 종목 구성, 기업별 국가 분포, 과거 수익률 등의 기본 정보뿐만 아니라 비슷한 성격의 타 ETF와의 비교도 할 수 있다. 해외 상장 ETF의 정보가 궁금하다면 가장 먼저 이 사이트에서 검색해보면 된다.

[etf.com 화면]

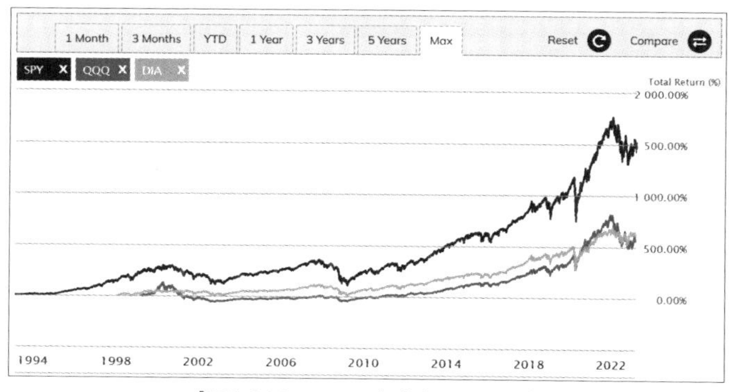

[SPY, QQQ, DIA ETF의 과거 수익률 비교]

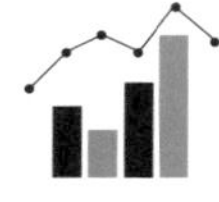

05 인베스팅닷컴(국내외 주식 정보 제공 사이트)

해외 주식, 채권, ETF, 환율, 원자재, 가상화폐의 가격과 관련 정보가 수두룩한 곳(www.investing.com)이다. 한글 서비스를 하고 있어 국내투자자들이 해외 주식 정보를 찾기 위해 가장 많이 방문하는 사이트 중 하나다. 또한 국내외 주식 시황과 종목 관련 뉴스, 투자 관련 각종 정보들이 수시로 올라오며, 관심 있는 해외 종목에 대해서도 알람 형태로 받을 수 있는 곳이다.

[인베스팅닷컴 초기화면]

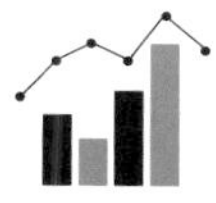

06 네이버 증권(주식 정보 전문 사이트)

해외 주식과 해외 상장 ETF의 기본 개요, 주가 추이, 시가총액 등 간단한 정보를 얻을 수 있는 사이트(https://finance.naver.com/)다. 해외 주식 관련 리서치 자료와 관련 뉴스, 재무 정보도 제공된다. 국내 상장 해외 ETF 관련해서는 매우 상세한 정보가 제공된다.

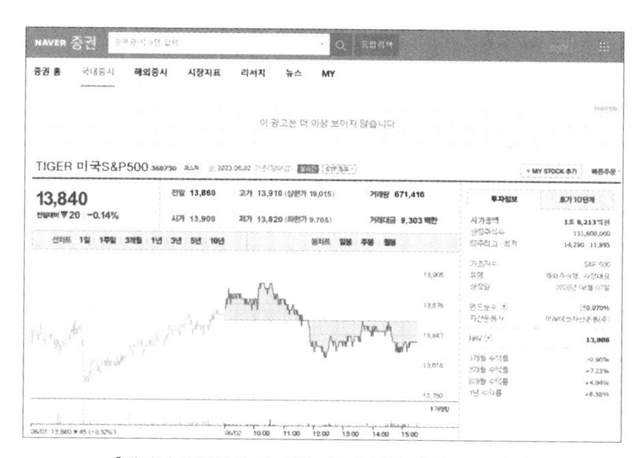

[네이버 증권에서 제공하는 국내 상장 해외 ETF 화면]

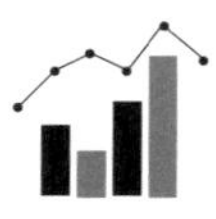

07 펀드슈퍼마켓(펀드 정보 전문 사이트)

국내 공모펀드 관련 정보가 총망라된 사이트(www.fosskorea.com)다. 이 곳에서 펀드유형별, 운용전략별, 운용 규모별, 위험등급별 등 다양한 방식으로 펀드를 분류해서 정보를 확인할 수 있다. 특히 개별 펀드 페이지에 들어가면 특정시점부터 해당 펀드에 거치식과 적립식으로 일정 투자금액을 투자했을 경우 그 투자금액은 지금까지 얼마가 됐는지에 대한 시뮬레이션을 돌려볼 수 있는 수익률 계산기 서비스는 이 사이트의 차별화된 부분이다.

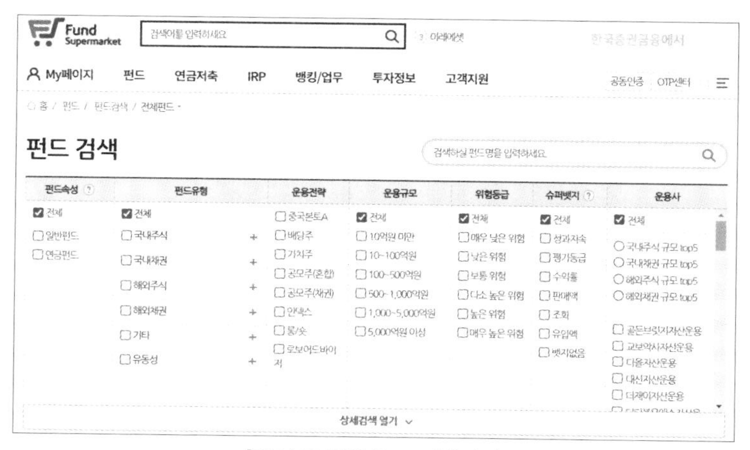

[펀드슈퍼마켓의 펀드W 검색 화면]

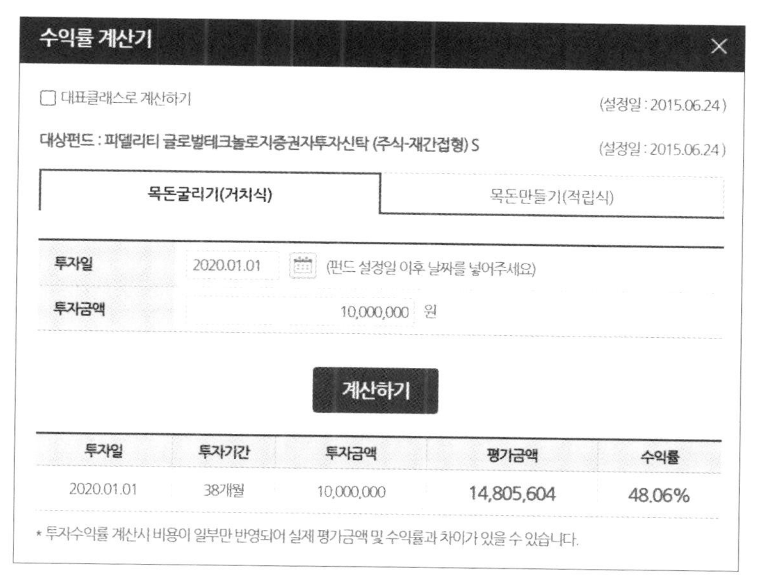

[펀드슈퍼마켓의 수익률 계산기]

[특별수록 - 챗GPT 수혜주]

고도화된 생성형 인공지능 챗GPT의 출현으로 2023년부터 관련 투자들이 성행하고 있다. 이런 인공지능(AI) 관련 투자 인기는 '찻잔 속의 태풍'이 아닌 지속적인 투자 테마가 될 것으로 보인다. 여러 기관에 의하면 전 세계 AI시장은 향후 2027년까지 연 평균 약 30% 이상의 높은 성장을 보일 것이라고 예측되고 있기 때문이다. 이런 전망이 반영되면서 AI의 최대 수혜주인 엔비디아는 2023년 상반기에 100% 넘게 상승하기도 했다. 세상을 바꿀 수 있는 AI 관련 상품들을 정리해 봤다.

[주식(5월 20일 기준)]

기업명	주당주가	추천 이유
엔비디아(미국)	312.6달러	전 세계 AI 관련 GPU의 압도적인 시장점유율(90% 이상) 보유. 2023년 전 세계 AI 경쟁의 최대 수혜주
마이크로소프트(미국)	318.3달러	챗GPT의 개발사인 오픈AI의 지분 대거 보유. 자사 검색, 클라우드 서비스 등에서 챗GPT 활용
알파벳(미국)	122.8달러	전통적인 AI의 강자. AI챗봇 '바드(Bard)'로 챗GPT에 맞불 작전
AMD(미국)	105.8달러	시장이 확대되는 GPU 분야에서 엔비디아의 경쟁자이자 주가 폭등한 엔비디아의 대안
마벨테크놀로지(미국)	45.5달러	반도체들의 데이터 전송을 원활히 하는 칩을 만드는 기업
세일즈포스(미국)	210.4달러	전 세계 CRM 1위 기업으로 오픈AI와 협업해 챗GPT를 탑재한 아인슈타인GPT 출시
바이두(중국)	124.28달러 (ADR)	중국 내 생성형 AI의 선두 주자

ETF

- IRBO ETF(iShares Robotics and Artificial Intelligence Multisector): 로봇과 AI 관련주에 투자. 메타플랫폼스, 엔비디아, 스포티파이, 세일즈포스 등에 투자
- BOTZ ETF(Global X Robotics & Artificial Intelligence): 로봇과 AI 관련주에 투자. 인튜이티브서지컬, 엔비디아, 키엔스, ABB 등에 투자

펀드

- 삼성글로벌ChatAI증권자투자신탁(주식): AI 관련주에 집중 투자. 엔비디아, 마이크로소프트, 세일즈포스, 바이두, 듀오링고 등에 투자

[자료 출처 모음]

- 삼성증권
- 국민연금기금운용본부
- 네이버증권
- 펀드 슈퍼마켓
- 예탁결제원
- 예금보험공사
- 증권정보포털
- 삼성자산운용
- FnGuide
- www.etf.com
- www.cnbc.com
- www.investing.com
- www.marketscreener.com
- 저자의 해외투자 관련 인사이트와 저자 추천 해외투자상품·종목 정보 확인 블로그
  http://blog.naver.com/smartmoney123